從國際法

看台灣人民的自決權

劉滌宏——著

序

　　這篇論文是14年前的舊作,當時正值台灣政黨輪替,民進黨上台後兩岸關係風波迭起詭譎多變,當時以為隨著局勢發展在三、五年後將使我的論述都成為明日黃花。之後國民黨通過馬英九重新執政,到現在又輪到民進黨坐莊,大陸跟台灣的情勢基本未變,我當時的觀點居然仍有針對性,這真是始料不及的事。

　　本文是以現代國際法的基本原則作標準,解答一些我們關心的問題,例如台灣在國際上是否不具備獨立國家的要件,而只是中國大陸的一部分?最近巴拿馬與台灣斷交,台灣的國際人格必需要經過外國政府承認嗎?公民自決全民投票是限台灣居民還是包括大陸十四億人?《聯合國憲章》中不得使用威脅和武力的規定,是否適用兩岸爭端?美國在歷史上是無私援華的嗎?

　　中共一國兩制的實施,必須在消滅中華民國法統,廢

除1947年憲法的前提下。隨著大陸與國際接軌採用資本主義的商業規則和市場機制，除政策對企業經營（尤其是與政治權力走得很近的網路公司及房地產開發商）影響頗大外，這與台灣現行經濟制度基本上並無不可調和的矛盾，所謂兩制其實只剩下政權問題，也就是台灣是否願意接受大陸共產黨一黨專政統治的問題。由於大陸綜合國力的提升，隨著時間的推移，台灣的迴旋空間將愈來愈小。本書只從一個側面提供有事實和理論根據的討論框架，讓大家思考台灣究竟能往何處去。

　　附錄有關釣魚台歸屬及西藏問題的兩篇未發表過的短文，是對中國人「想當然」的看法提供另一個角度的觀點。北京堅持中國對釣魚台及西藏都「有無可爭辯的主權」，而我則有理由認為這還是大有可爭辯的餘地。大陸政法界知識分子對某些敏感問題都只有在黨中央欽定的結論下做文章，萬馬齊瘖的局面看來還要繼續下去。

2017年10月

目　次

附錄

目次

從國際法看台灣人民的自決權

導言

　　1927年北伐成功後在中國政治舞台上扮演主角的中國國民黨，自1949年退據台灣又經歷了半個多世紀，終於通過政黨輪替將政權和平轉移交給了直接選舉產生的民進黨總統陳水扁。中國歷史從四千三百年前堯舜禪讓的傳說開始，歷來改朝換代經過流血鬥爭似已成常規，公元960年趙匡胤陳橋兵變黃袍加身[1]之類恐怕都是例外，而西方政黨通過選票輪流坐莊的憲政體系，對中國傳統的政治哲學來說也是純粹的「舶來品」。其實2000年在台灣舉行的總統直選不過是通過增修條文再次落實了1947年《中華民國憲法》主權在民的理念（以別於蔣氏父子治下指派候選人的民主鬧劇），本來是很平常的一件事。但是2300萬自由地區人民選出來的中華民國總統法理上代表全中國，

---

[1] 《中國史稿》，北京人民出版社 1983 年版，第五冊，頁 43。

而半個多世紀以來治權在「國家統一前」卻僅及於台澎金馬（見《兩岸人民關係條例》），名實嚴重不符，這尷尬的客觀現實持續成為當選總統的陳水扁及其代表的民進黨，在適當時機爭取正名更改國號的基本論據。

中共當局對這次總統大選稱之為中國的地方選舉，但我們卻不能否認在中國千分之四的領土上第一次成功地完成了法統內黨派間政治權力的和平轉移，與目前大陸一黨專政下斷斷續續實行的村民委員會選舉真不可同日而語，應該是我國憲政史上的一個里程碑。至於台灣政黨輪替（包括民主進程中不能避免的黑金賄選，亂開政治支票誤導選民，以及新聞媒體在財閥政客操縱下，成為愚民政策的工具等負面經驗在內）將來是否能對整個中國產生「燈塔效應」，這恐怕要讓歷史來回答。

1992年秋，大陸海峽兩岸關係協會（海協）和台灣海峽交流基金會（海基）香港會談之後，兩岸關係顯著改善。1995年六月李登輝以現任中華民國總統身分赴美進行私人訪問，已開始對雙方互信機制產生負面影響，而1999年七月李登輝提出兩國論之後，火上加油不可避免地使兩岸關係惡化，導致海協及海基兩會協商中斷。隨著

陳水扁就任中華民國第十任總統及其代表的《民進黨黨綱》中，通過人民自決追求台灣獨立建國的基本主張，台灣領導人在李登輝兩國論的道路上越走越遠，而其言行實際上已背離了用以維繫雙方關係最根本的「一個中國」原則，形成了目前難以打開的僵局。與此同時民間經貿來往持續增長，台灣經濟對大陸的依存度逐漸加大[2]，所有關心國事的兩岸同胞包括海外華人心中都想知道，目前兩岸的這種情況究竟會把台灣的未來帶向何方？

《民進黨黨綱》第六條明確地將兩岸關係定位在外交的範疇，要求根據國際規約所揭示的原則，「台灣前途應由台灣全體住民決定」。與之相反，中共官方則主張國家主權不容分割，台灣是中國的一部分，所以兩岸關係只能是國內法上的問題[3]，但這與目前存在的客觀事實並不相符。

---

[2] 2002 年上半年大陸已成為台灣第一大出口市場，佔台灣出口比重的 23.8%，見《中央日報》2002 年 10 月 4 日網路版。

[3] 例如 1996 年 8 月 19 日大陸公佈的《台灣海峽兩岸間航運管理辦法》第三條「兩岸航運屬於特殊管理的國內運輸」，見《中華人民共和國新法規匯編》（以下簡稱《新法規匯編》），北京法制出版社出版，1996 年卷，第三輯，頁 215。

　　台灣與大陸的關係千絲萬縷錯綜複雜，在這眼花繚亂萬花筒般的圖案中，本文打算只從其中一個角度嘗試對以下問題勾畫出一個較清晰的側面輪廓：

- 兩岸關係是國際法還是國內法上的問題？
- 以人民自決的形式決定台灣前途與現代國際法的原則是否相符？
- 公民自決確定領土歸屬在國際法上的前提是什麼？其結果是否能得到國際社會的普遍承認？
- 除「人民自決」外，還有哪些涉及兩岸目前分治現狀的國際法基本原則？

根據以上命題，內容上有以下特定範圍：

- 不討論「公投」憲法上的合法性，不涉及公投技術層面上的細節；
- 探討兩岸隔閡的由來以及大陸對台政策在台灣民眾中缺乏向心力的原因；
- 以現代國際法的原則及國家實踐為唯一標準，不深究前蘇聯及中共法學家提出來的帝國主義國際法或社會主義國際法的問題。

為行文方便起見，台灣指的是治權僅及台澎金馬的國

民政府，中共則是中華人民共和國。中共乃中國共產黨的簡稱，中共中央是大陸唯一的最高政經和軍事決策機構，中華人民共和國中央人民政府實際上不過是在其領導下的執行單位而已[4]，因此「中共」一詞，應是對目前大陸的權力中心恰如其份的描述，並無任何貶意。

筆者身在海外，所見中文資料肯定不全，但優先使用手頭中文材料。外文資料如有中文翻譯，亦將儘量引用中譯本，以方便國內讀者複核。內容方面努力做到言簡意賅，大題小做。另外本文既非晦澀艱深的學究式論文，也不是天馬行空般的政論文章，而是只想提供一些理論及事實根據，給關心兩岸關係的人士參考。

---

[4] 參見 1982 年《中華人民共和國憲法》序言「中國各族人民將繼續在中國共產黨領導下……」，載《中華人民共和國法規匯編》（以下簡稱《法規匯編》），北京法律出版社出版，1982 年卷，頁 3。

第一章　台灣問題及兩岸隔閡的由來

　　國際法一般並不承認一個國家居民的自決，包括分離權或與其他國家合併的權利[5]，除非有一定的歷史背景前提（例如加拿大魁北克省公元1763年以前為法屬殖民地，由於法語區之故，曾兩次投票爭取獨立），或者憲法上有此規定（例如前蘇聯1936年憲法第17條規定，加盟共和國有自由退出蘇聯之權[6]）。另外還有二次大戰後由於宗教信仰不同導致的印度及巴基斯坦分別立國等。台灣人民是否也有這種權利？台灣島內民進黨獨立建國的主張在2000年總統直選中能得到近五百萬張選票，當然是其來有

---

[5]　分離與國家主權和尊重領土完整的國際法原則是相衝突的，所以國家對於因分離產生的新國家的承認一般都很慎重。參見白桂梅，〈自決與分離〉，載北京中國國際法學會主辦《中國國際法年刊》1996 年卷，頁 61-62。

[6]　北京大學法律系編，《憲法資料選編》，北京大學出版社 1981 年版，第五輯，頁 202。

自，我們不妨簡單回顧一下這段歷史。

一　清末之前

　　台灣在隋以前稱夷洲，隋改為流求。公元230年三國孫吳衛溫、諸葛直曾率甲士萬人至台[7]。原住民除土著外，尚有唐貞觀年間避難前來的馬來人[8]。台灣二字最早出現在成書於明代萬曆年間的《蓉洲文稿》。十二世紀中葉以來宋元兩朝均在澎湖設官據守，16世紀中後期明朝政府恢復了澎湖的巡檢司。明天啟四年（1624）荷蘭入侵台灣，至清康熙元年（1662）為鄭成功所逐，設承天府。康熙二十三年清政府擴增行政機構，設「分巡台廈兵備道」及台灣府。雍正五年（1727）改「分巡台廈道」為「分巡台灣道」，定台灣為官方名稱。清光緒十一年清政府應左宗棠奏請，正式將台灣劃為單一行省，派劉銘傳為首任巡撫[9]。

---

[7]　《辭海》（1979 年版），上海辭書出版社 1980 年出版，頁 477。

[8]　連雅堂，《台灣通史》，台北黎明文化出版社 2001 年版，上冊，頁 45。

[9]　陳宏主編，《海峽風雲》，北京中國婦女出版社 2000 年版，頁 7-8。

　　中國歷朝對台灣的開發經營並取得主權，完全符合傳統國際法的先占原則。先占是一個國家在一塊無主土地上建立主權，如該地有土人居住，一樣視為無主土地。另外主權還必須有繼續而和平的表現，並且還要使占領的事實成為有效的統治[10]。中國歷朝中央政府在台灣設立了行政機構並行使管轄權，完全滿足了先占在國際法上必須具備的條件，並不是日本人司馬遼太郎與李登輝談話中所說的「台灣自17世紀以來是由海上難民成立的無主之地」[11]。

二　台灣民主國（1895年5月至10月）

　　1867年日本明治天皇登基之後，力圖維新銳意西化，決定對外擴張。1894年日本利用朝鮮東學黨甲申之亂後挑起中日甲午戰爭，清廷戰敗訂立《馬關條約》，遼東

---

[10] 參見 Seidl-Hohenveldern, Voelkerrecht, Koeln/Bonn/Muenchen 1965, S. 173；杜衡之，《國際法》，台北文星書店 1966 年版，上冊，頁 170-173。有關先佔原則最著名的案例是國際常設仲裁法院 1928 年關於美國及荷蘭對帕爾馬斯島爭執的裁決；單獨仲裁人公法學家胡伯認為僅因發現取得的原始權利不能對抗主權的「繼續而和平的表現」，裁定荷蘭勝訴。

[11] 轉引自《海峽風雲》，前引註 9，頁 134。

半島及台澎割讓日本。遼東半島由於德法俄三國干涉，由清廷出錢贖回[12]。

台民聞台灣割讓給日本，群情激昂。紳士丘逢甲創議於1895年五月25日建立台灣民主國，以台灣國名義抵抗，以免清政府為難。製藍地黃虎國旗，推巡撫唐景崧為總統，總兵劉永福領導抗日。日軍率兵進攻，經過激戰後於十月底始占領全島[13]。

台灣民主國雖然實際上僅存在了不到半年，但卻作為一個與大陸分離的「國家」在中國近代史出現，這對從一九五〇年代中期廖文毅在日本成立台灣共和國臨時政府以來的台獨思想不無影響。正是這個原因，中共在建國以後出版的眾多有關中國近代史的書籍中，台灣民主國就沒有再提到過，而今日的台獨人士由於其日本情結，也不願再論及這段史實，但台灣民主國這一插曲在了解台灣與大陸分離傾向的歷史根源上不無裨益。

---

[12] 李定一，《中國近代史》，台北 1959 年第七版，頁 169-171。

[13] 范文瀾，《中國近代史》，北京人民出版社 1955 年第九版（1947 年初版，成書於 1945 年），上冊，頁 274-281；連雅堂，前引註 8，頁 140-157。

三　日據時代（1895-1945）

　　《馬關條約》簽訂後，列強瓜分中國的腳步加快，到1899年止，中國沿海重要港灣全部租借出去了，而各國在中國均已劃定勢力範圍。雖然有1898年的康梁變法，但百日維新曇花一現。隨後1900年八國聯軍入侵，滿清王朝已日暮西山氣息奄奄，1911年辛亥武昌起義摧枯拉朽，建立了中華民國。但是一般民眾的苦難遠遠沒有到頭，軍閥混戰，東征北伐，國共內戰，直至1937年七七事變抗戰開始，整個中國大陸可以說是民不聊生，哀鴻遍野，沒有幾天太平的日子。

　　日本在1895年底占領台灣全島之後的五十年內，對台灣人民進行壓迫歧視，警察對台灣人民的鎮壓權力很大。直到1935年在台灣智識份子爭取下，日本台灣總督才公佈實行地方自治制度，賦予台灣人一半的自治權，協議會員半數為民選。1943年太平洋戰爭進行激烈，在皇民化

政策下組織皇民奉公會，驅使台灣人民貢獻戰爭所需[14]。
與此同時，我們也不得不承認，日本當時是把台灣作為其
本土的一部來建設的，基本設施較之當時中國大陸當然完
善很多[15]。當今台灣分離主義的健將彭明敏和李登輝都是
出生於上世紀二十年代，正趕上了日本在台推行皇民化運
動的高潮，而其日本情結確實不是沒有原因的。

　　1941年12月7日日本偷襲美國珍珠港，太平洋戰爭爆
發，兩天之後國民政府正式對日宣戰，佈告中外「所有一
切條約的協定合同有涉及中日之關係者，一律廢止」[16]，
這當然也包括《馬關條約》在內。1943年11月26日《開羅
宣言》中也申明，「日本所竊取於中國之領土，例如東北
四省、台灣、澎湖群島等，歸還中華民國」[17]。1945年7

---

[14] 見畫家李梅樹在日據時代的親身經歷，載《傳記文學》2002 年二月號（總第 477 號），頁 12-14。

[15] 例如 1949 年美國國務院《中美關係白皮書》第六章魏德邁的報告中稱，「日人將偏僻地帶亦作有效之電化，並設有良好鐵路與公路。百分之八十的民眾識字，與中國大陸的情況恰成反比」（中譯見劉大年，《美國侵華史》，北京人民出版社 1951 年版，頁 223-224）。

[16] 丘宏達，《現代國際法》（參考文件），台北三民書局 1972 年版，下冊，頁 175。

[17] 同上，頁 176。

月26日《波茨坦公告》第八條重申，「《開羅宣言》之條件必將實施」[18]，同年9月2日及9日日本投降文件第一條即明確日本接受公告「所列舉之條款」[19]。1945年10月25日台灣正式光復，日本在台50年統治宣告結束。

四　抗戰勝利以後至今

　　光復後至1949年國民政府退據台澎金馬，台灣屬於中華民國的地位全無爭議。1950年6月韓戰爆發，美國為了本身利益派第七艦隊進入台灣海峽，杜魯門總統並宣稱台灣未來的地位必須在對日和約簽訂後，經由聯合國來考慮[20]。在這種背景下，1951年9月8日的舊金山對日和約中只規定了日本放棄其對台灣及澎湖群島之一切權利、權利根據與要求，而不提是否歸還中國（第二條乙款）[21]。

---

[18] 同上，頁178。

[19] 同上，頁178-179。

[20] 丘宏達，《現代國際法問題》，台北新紀元出版公司1966年版，頁104；《海峽風雲》，前引註9，頁178。

[21] 法學教材編輯部，《國際關係史資料選編》，武漢大學出版社1983年版，下冊，頁253。

1952年4月28日簽訂的中日和平條約第二條對台澎地位也採用了與舊金山和約相同的措辭[22]，為「台灣地位未定說」開了一扇後門。其實根據《開羅宣言》及《波茨坦公告》，台灣歸還中華民國已明確無疑，就算中華民國完全喪失了國際人格，其繼承者也有權主張台灣為其一部，沒有所謂地位未定問題。此外台灣分離主義者常引用《聯合國憲章》第77條第一款第二項規定「因第二次世界大戰結果或將自敵國割離之領土」適用於託管制度，以為台灣可以經由聯合國託管達到最終獨立的目的。但憲章第78條又規定「凡領土已成為聯合國會員國者，不適用託管制度」，台灣既已歸還中國，而中華民國又是聯合國的創始會員國，這問題應早已解決。

1955年一月美國國會在《台海決議案》中明白表示，台灣由一友邦政府掌握對美國之重大利益甚為重要[23]。這種美國國家利益高於一切的外交政策，在1971年10月聯大通過2758號決議由中共取代台灣的國民政府在聯合國的席位後，經過次年中共與美國的《上海公報》到

---

[22] 丘宏達，《現代國際法》，前引註 16，頁 196。

[23] 同上，頁 207-208。

1979年兩國正式建立邦交，是一脈相承的，完全忘記了1951年二月也是由美國主導在聯大通過譴責中共在韓戰中為侵略者的498號決議，及同年五月對中共禁運的第500號決議[24]，正應了國際社會上「沒有永遠的敵人，也沒有永遠的朋友，只有永遠的利益」這句老話。

在承認中華人民共和國政府是中國的唯一合法政府及台灣是中國的一部分[25]的三個月後，美國國會又通過了《台灣關係法》，實際上把台灣與外國政府與類似實體列入同一範疇（第四條乙款）[26]，給台灣分離主義者又留下了一線希望。

1949年國民政府退守台澎之後，汲取了在大陸上失敗的教訓，針對中共的統戰工作於1949年6月頒布了《懲治叛亂條例》，一年以後又公佈了《戡亂時期檢肅匪諜條例》實際上取消了人民的言論、集會、結社及通信自由，完全封鎖了對大陸的了解。這些條例加上1948年5月

---

[24] 同上，頁188-192。

[25] 1979 年元旦〈中共與美國建立外交關係的聯合公報〉，見《中華人民共和國條約集》（以下簡稱《條約集》），北京世界知識出版社出版，第 26 集，頁 7-8。

[26] 《國際關係史資料選編》，前引註 21，頁 579。

10日國民政府公佈的《動員戡亂時期臨時條款》，賦予蔣介石對國家大政隨時為緊急處分的權力，而且其總統職務可無限期連任下去。台灣在其父子鐵腕統治之下直至1988年蔣經國逝世為止，近四十年間與大陸形同隔絕，一般台灣群眾對隔岸情況全不了解，難怪在台灣成長的兩代人受國民黨長期宣傳教育，不是有恐共病就是冷漠感，對大陸的中國人說不上有什麼同胞的感情。

　　1949年中共建國以來到改革開放的八〇年代，可以說是政治運動時有高低潮，但卻一直不斷。尤其是五〇年代中由整風運動發展到1957年的反右，由「言者無罪，聞者足戒」到引蛇出洞大整知識份子的「陽謀」[27]，使一般人只有跟著共產黨搖旗吶喊，連噤若寒蟬不說話的自由都沒有。掌大權者言而無信，發展到後來十年文革「砸爛公檢法」，法制蕩然。

　　改革開放中共當局認識到為了吸引外資有一個好的軟環境，必須逐步建立法制，第一步就是頒布有關法規，以

---

[27] 《毛澤東選集》，北京人民出版社 1977 年版，卷五，頁 437；參見〈中共中央關於整風運動的指示〉，載《法規彙編》，卷五（1957 年 1-6 月），頁 35-39。

便「有法可依」。以2000年立法為例，全國人民代表大會共通過或修改法律達23項，國務院發佈的行政法規達28項，加上各類通知和國務院部門規章等，總共近160項，此尚不包括地方性法規，為1980年的三倍多，但這並不等於法制建設的成果，因為：

- 徒法不足以自行，法律的有效程度取決於公民是否有守法觀念及司法人員是否能執法不阿。由於經濟理由（例如國營企業老廠）及地方保護主義，大陸上環保法規[28]大都執行不了，徒有具文，這也是公開的祕密。

- 根據馬列主義的國家法理論，經濟是基礎，法律與政治只是上層建築。經濟基礎發生變化，法律也隨之而變[29]。在辯證唯物論的基礎上，這種變動的基本思想在法律實際運作中太過於與現實政治掛鉤，急功近利的結果，使法制的連續性和穩定性難於建

---

[28] 即所謂的環保四法一條例：《環境保護法》、《水污染防治法》、《大氣污染防治法》、《海洋環境保護法》及《環境噪聲污染防治條例》。

[29] Kleines Politisches Woerterbuch, Ost-Berlin 1973, S. 707；馬克思，〈政治經濟學批判序言〉，載《馬克思恩格斯選集》，北京人民出版社 1972 年版，卷二，頁 82-83。

立。例如1980年刑法生效後，本應「有法可依，違法必究」逐步建立法律威信。但三年以後，根據當時治安惡化的情況，突然將「嚴重危害社會治安的犯罪份子」，在刑法規定的最高刑以上處刑，直至判處死刑[30]。1982年三月人代會通過的「嚴懲嚴重破壞經濟的罪犯」的決定[31]也是法治上的短視行為。

● 在同一思想指導下，對國家基本大法的憲法也不是採用西方國家的增修條文方式，而是按照變動了的政治經濟現實全盤廢棄重新起草制訂新憲的辦法。文革晚期1975年中共憲法因為據說是四人幫炮製出來的大毒草，所以三年以後馬上就又制訂了新憲。從1949年政治協商會議共同綱領，1954年憲法，現在的1982年憲法已是第五部，這與法律的穩定性和延續性是背道而馳的[32]。

---

[30] 《法規匯編》，1983 年卷，頁 65-66。

[31] 《法規匯編》，1982 年卷，頁 119-123。

[32] 中共當局似已了解法律穩定性的重要，現也採用憲法修正案的辦法，見《新法規匯編》，1999 年卷，第一輯，頁 1-3。

● 馬克思歷史唯物主義認為法是統治階級意志的表
現，而中華人民共和國則是工人階級領導的人民民
主專政的社會主義國家，作為工人階級先鋒隊的中
國共產黨當然就負責領導中國各民族了。共產黨的
一黨專政在各憲法序言中都是再三強調的，其結果
則是黨政不分，以黨領政領軍，黨的決議通常也就
是法律（例如1955年十月關於農業合作化問題的決
議[33]）。按照這種黨天下的思想意識，1970年中共
憲法草案第二條竟然規定林彪為接班人[34]也就不足
為怪了。直到最近江澤民提出的「三個代表」學
說[35]，其用意都在鞏固共產黨一黨專政的地位，其
結果是黨員官僚奸商互相勾結，貪污腐敗難免，僅
靠黨內的「紀律檢查委員會」而沒有一個強大的
在野黨制衡，想要遏止徇私舞弊的氾濫，何異緣木
求魚。

---

[33] 決議全文見《法規彙編》，卷二（1955 年 7-12 月），頁 24-43。
[34] 陳荷夫編，《中國憲法類編》，中國社會科學出版社 1980 年版，頁 353，
註 2。
[35] 中共代表「先進生產力，先進文化，最廣大人民利益」。

　　從五〇年代初三反五反，到1957年整風反右，經過十年文革浩劫直至1989年六四民運[36]，歷次的政治運動迄今沒有一個制衡的政治體系以保證歷史悲劇將來不會重演。台灣真正成為中共的內政問題之後，將來大陸如再發生政治動亂會不會連帶遭殃？目前台灣人民對中國統一的態度與中共五十多年來在大陸上所做所為是絕對分不開的。

　　建立法治的權威要人民相信法律的穩定性及可靠性，必須經過相當長的一段過程，而毛澤東一句「和尚打傘，無髮（法）無天」的造反有理思想可以使法制建設倒退幾十年。大陸當局應當好好反躬自問，為何「一國兩制」在台灣沒有市場，而廣大的台灣人民對大陸之所以沒有向心力，絕對不只是台獨宣傳的功勞！

---

[36] 按中共 1982 年憲法第 94 條，中央軍事委員會主席對全國人民代表大會和其常務委員會「負責」。六四期間軍委主席鄧小平根據這籠統的規定確可調兵遣將而不需事先徵得全國人代會的同意，這與《德國基本法》第 80a 條第一款聯邦議會在緊急狀態中所扮演的決策性角色大不相同。1996 年 3 月 1 日公佈施行的《中華人民共和國戒嚴法》第 8 條，國務院必要時可以向中央軍委提出，由中央軍委決定派解放軍協助執行戒嚴任務，見《新法規匯編》，1996 年卷，第一輯，頁 2。

五　台灣主要黨派對兩岸關係的看法並兼論 「九二共識」

　　中國國民黨與共產黨長期以來在各自統治的範圍內均是一黨獨大的專政局面，但為了照顧民主的門面，前者有民社黨及青年黨作陪襯，後者則是八個由中共中央統戰部資助的民主黨派，並沒有真正的反對黨。中共1982年的憲法第35條雖規定了人民結社的自由，但卻沒有組黨的自由。按官方的解釋，結社只是社會團體，不包括政黨[37]，也就是毛澤東說的，共產黨的領導和社會主義制度在中國大陸是絕對不能反對的[38]。

　　國民政府播遷來台，尤其在蔣介石去世之後，情勢開始有了變化，民進黨搶先在開放黨禁之前於1986年九月底

---

[37] 按「社會團體登記管理條例」第二條規定，只限「非營利性社會組織」，見《新法規匯編》，1998 年卷，第四輯，頁 103。

[38] 《毛澤東選集》，前引註 27，頁 428。在大陸中共的領導深入到最基層，例如 1998 年 11 月公佈施行的「村民委員會組織法」第 3 條「中國共產黨在農村的基層組織，按照中國共產黨章程進行工作，發揮領導核心作用……」，見《新法規匯編》，1998 年卷，第四輯，頁 1-2。

正式成立。為了2000年總統大選候選人的問題，國民黨內部分裂，宋楚瑜脫黨出走，大選結果及隨後成立的親民黨奠定了鼎足而三的局面。三黨的大陸政策可簡述如下：

民進黨

按照1998年7月修訂的《民進黨黨綱》，開宗明義在基本綱領中規定，其基本主張之一就是建立主權獨立自主的台灣共和國，宣稱與中國大陸互不隸屬，兩岸依國際法的準則建立關係。台灣建國及制憲的主張應交由台灣全體住民以公民投票方式選擇決定。人民自決原則又在黨綱「和平獨立的國防外交」項下重述，以人道、平等、和平的原則終止台海兩岸對抗，優先致力於改善兩岸人民之生活，不應製造緊張對抗。

2000年總統大選民進黨執政，鑒於當時聯合國近190個會員國中包括美國在內已有161個承認北京為中國唯一合法的政府，台灣是中國的一部分。在這種形勢下，陳水扁不得不在就職演說中聲稱只要中共不動武，在其任內「不會宣布獨立，不會更改國號，不會推動兩國論入

憲，不會推動改變現狀的統獨公投，也沒有廢除《國統綱
領》與國統會的問題」[39]。在此之前，1999年五月民進黨
通過《台灣前途決議文》，宣告「台灣是一主權獨立的國
家，與大陸互不隸屬，任何有關獨立現狀的變動，都須經
由台灣全體住民以公民投票方式決定」[40]。這也就是說在
中華民國的名義下，維持獨立分治的現狀（status quo）。
很明顯地，民進黨由黨綱中規定的主動爭取獨立建國的構
想，已轉變為維持台灣事實上已是獨立的政治實體的被動
做法。

　　《民進黨黨綱》非常明確地宣示追求最終的台灣獨立
建國，而陳水扁贏得大選之後卻成為中華民國第十任總
統，理應遵守《中華民國憲法》。西方各國政黨的活動準
則其前提一定是在同一的憲法法統之中實行輪替，沒有見
過以改變國體國號為最終目標的政黨執政而又不得已保
持原先法統的矛盾做法。1992年行政院本決定處置台獨綱
領，但後來修憲結果，政黨解散事項應按1993年二月公佈
的司法院大法官審理案件法第三章規定，組成憲法法庭審

---

[39] 即所謂的「四不一沒有」，見「民進黨中央黨部公告」，網路版，頁6。
[40] 《台灣前途決議文》共七條內容，載《聯合晚報》2002年7月30日網路版。

理（德國模式）[41]，但卻不了了之。

國民黨與「九二共識」

國民黨的大陸政策原先是繼承蔣經國三民主義統一中國及三不政策（不來往、不妥協、不談判），後來在大陸改革開放的政策下，經過中共中央1979年元旦「告台灣同胞書」及1981年九月以葉劍英名義發表的「葉九條」，兩岸關係開始解凍，在1988年蔣經國去世前就已決定開放大陸探親[42]。李登輝主政後於1991年四月《動員戡亂時期臨時條款》、《懲治叛亂條例》及《戡亂時期檢肅匪諜條例》等均告廢除。

按照目前國民黨黨綱，其大陸政策基本上是依循

---

[41] 林憲同，〈國統綱領與台獨黨綱在兩岸關係中的法律定位〉，載《國是評論》2000 年九月號（第 86 期），頁 8。《德國基本法》第 21 條第二款規定，根據各政黨的目的或其黨員的態度判明，企圖陰謀顛覆聯邦共和國的屬違憲行為。聯邦憲法法院根據申請確定是否有違憲行為存在，其判決有實質上的效力；參見 Schunck-De Clerck, Allgemeines Staatsrecht und Staatsrecht des Bundes und der Laender, 4. Auflage, Siegburg 1972, S. 175.

[42] 《海峽風雲》，前引註 9，頁 37。

《國家統一綱領》，在「九二共識」的基礎上與中共展開談判。《國統綱領》是1991年二月經過總統府內成立的「國家統一委員會」通過，一個月後又經行政院院會通過，應該具有法律功能，但並未入憲，而且國統會的法律地位也頗有爭議[43]。

　　兩岸授權團體海峽交流基金會（海基會）與大陸海峽兩岸關係協會（海協會）在1992年10月27日至30日舉行香港會談，其中達成一項日後引起廣泛爭議的所謂「九二共識」。其實根據披露的當年往來信函等原始資料[44]，真相不難大白，但兩岸當局由於各有政治算盤，對此小題大作故意曲解，致使事情複雜化。

　　為了弄清事實，首先必須明確「共識」是什麼？海基會曾提出在兩岸共同謀求國家統一的過程中，雙方均堅持一個中國的原則，但對一個中國的涵義認知各有不同，建議兩會採用口頭聲明方式表述一個中國的原則，也就是所謂的「一中各表」。海協會11月16日致函海基會，確認「貴我兩會各自口頭聲明的方式表述一個中國的原則，並

---

[43] 林憲同，前引註41，頁7。
[44] 見《國是評論》2001年10月號（第99期）特載，頁12-16。

提出了具體表述內容,其中明確了海峽兩岸堅持一個中國的原則」[45]。很明顯地,中共當局一開始就把口頭聲明的重點表達方式故意理解為只限於「海峽兩岸均堅持一個中國的原則」所達成的共識,而完全沒有誠意深入其他。

香港會談後一個月,海基會12月3日致函海協會,聲稱口頭說明之具體內容將根據《國統綱領》及國統會當年8月一日對「一個中國」涵義所作決議加以表達[46],但以後並未見海協會對此有任何反應。按《國統綱領》,其最終目標為建立民主自由均富的中國,並不是將台灣以一國兩制的形式統一到目前的中華人民共和國內,而且其進程分成近程、中程和遠程三階段[47],實質上也就是「階段性的兩個中國」。這種設想已明確為中共最高當局的江澤民1995年元月30日在「江八點」中所堅拒[48],看不出有任何探討的餘地。2002年8月海協會拒絕認證有中華民國字樣

---

[45] 同上,頁 13。

[46] 同上。「一個中國」的全文見 1997 年陸委會《國家發展會議兩岸關係議題共同意見》,頁 18-19。

[47] 《國統綱領》全文見《國是評論》,2000 年 9 月號,頁 9-10。

[48] 江八點中的第一點,《海峽風雲》,前引註 9,頁 324;此事尚在 1995 年李登輝訪美及飛彈危機之前。

的文書[49]，就是否認「各表」的邏輯結果。

　　目前大陸當局不時呼籲台灣民進黨政府應回到「九二共識」上來，其實就是回到兩岸均堅持一個中國的原則這一點上，對台灣方面依《國統綱領》所作的任何口頭或書面表述顯然與「江八點」相矛盾，是不會被接受的。「九二共識」的「一中各表」照中共的說法實際上只是雙方口頭表達承認一個中國的原則而已，只准求同，不許存異。在這個意義上來說，國民黨在連中共都不承認的「一中各表」的基礎上呼籲民進黨回到「九二共識」上來，是不太現實的。

　　國民黨對兩岸關係是在兩個政治實體的基礎上發展與大陸的經貿關係，從交流互惠建立互信機制，分段進行直到將來最終統一[50]。實際上也就是目前的兩個中國，未來的一個中國，基本上是維持現狀。

---

[49] 《聯合報》2002 年 8 月 14 日網路版。
[50] 〈中國國民黨政策綱領〉，頁 2；《國統綱領》，前引註 47。

親民黨

2000年台灣總統大選前，由於國民黨提名候選人出現矛盾，宋楚瑜脫黨成立「新台灣人服務團隊」參加競選，獲466萬張選票，成為台灣第二大政治團體。大選後改名為親民黨並正式於同年三月底成立[51]。

親民黨的大陸政策基本上與國民黨相同，在中華民國以主權獨立自主的國家為出發點的情況下，與大陸展開平等互惠的談判，減少政府不當干預以推動兩岸經貿[52]。2002年八月宋楚瑜對兩岸關係主張「一中屋頂，兩岸兩席（參與非政治性國際組織），三段三通」[53]，明顯地屬於維持現狀派。外交上以務實態度參與國際社會，並拓展與其他國家的實質關係等等，均與國民黨政策無大出入。

---

[51] 見「親民黨簡介」網頁。

[52] 見親民黨黨綱中「兩岸關係」與「經濟發展主張」項下。

[53] 〈宋楚瑜提國家定位主張〉，《聯合報》2002 年 8 月 8 日網路版。

第二章　台灣在中華民國名下的國際人格

　　如上所述，台灣三大政黨都是在中華民國的法統下主張維持現狀，唯一的分別是民進黨在其台獨黨綱及《台灣前途決議文》的台獨思想指導下，希望從目前分治的現實出發，漸進式將台灣引向獨立建國的分離之路，而國、親兩黨則主張通過一定的進程最終成為一個統一的中國。

　　中共當局則認為1949年起中華民國已是歷史名詞，中國在國際上的一切權利與義務均應由其繼承，包括對台灣的主權在內[54]。是否在台灣的「中華民國」國際人格早已喪失？這可以按照現代國際法的原則來衡量一下。

---

[54] 〈中共國務院台灣事務辦公室（國台辦）〉，《一個中國的原則與台灣問題（白皮書）》，北京新星出版社 2000 年版，頁 3-4。

一　國家的構成要素

根據1933年關於國家權利與義務的烏京蒙特維多公約第一條規定，國家作為國際法上的人格必須具備四個條件[55]：

- 人民；
- 必須有人民定居的土地（領土）；
- 必須有一個政府；
- 有與其他國家發生關係的能力。

人民

人民最簡單的定義就是在某一國家領土範圍內一群人的總和，而這人群又處於該國命令及強制力之下。通常人民又常理解為具有公民權的國民[56]。

---

[55] 轉引自 Starke, J.G., Introduction to International Law, 6th ed., London 1967, p.91.

[56] Seidl-Hohenveldern, supra, note 10, p.193.

　　根據《中華民國憲法》第三條，具有中華民國國籍者
為中華民國國民。目前統計，台澎金馬總人口約在兩千三
百萬左右（不到全中國人民的百分之二）。按1992年施行
的《兩岸人民關係條例》規定，大陸地區人民顯然不具有
中華民國國籍，不得自由進出台灣地區（第十條），沒有
公民權（第21條大陸地區人民經許可進入台灣地區為公職
候選人，擔任軍公教或公營事業機構人員及組織政黨，
必須在台灣地區設籍滿十年，但同條例第16及17條有關大
陸地區人民來台定居或居留的限制極嚴。另見《總統副
總統選舉罷免法》第11條，只限「在中華民國自由地區人
民」）。此外，根據《香港澳門關係條例》第38條「民
事事件涉及香港或澳門者，類推適用涉外民事法律適用
法」，看來香港及澳門居民也均非中華民國國民。

　　大陸當局在一個中國的大前提下，則視台灣居民為居
住在台灣地區的中國公民[57]。

　　一般說來，台灣方面對大陸地區人民來台限制頗
多，具有中華人民共和國國籍者並沒有中華民國國籍，

---

[57] 〈中國公民往來台灣地區管理辦法第 2 條及第 17 條〉，見《法規匯編》，
1991 年卷，頁 160 及 164。

明顯表示兩岸關係是兩個互不隸屬的政治實體之間的
關係。

領土

　　1949年播遷來台的國民政府，其有效統治地區僅為台
澎金馬，面積約三萬六千平方公里，佔全國總面積不到
千分之四。1947年公佈施行的《中華民國憲法》第四條
「中華民國領土依其固有疆域，非經國民大會之決議，不
得變更之」，按照同法第26條及64條，領土並應包括蒙古
及西藏。

　　根據1992年公佈的《兩岸人民關係條例》第二條，明
確承認國家統一前國民政府統治權所及之地區僅為台澎金
馬，但卻指出大陸地區為台灣地區以外的中華民國領土。

　　1982年中華人民共和國憲法並未按1936年蘇聯憲法的
先例，列舉各省、自治區及直轄市的名稱，但在序言中卻
強調台灣是中華人民共和國的神聖領土的一部分[58]。在領

---

[58]　同前引註 4。

土問題上兩岸形式上均堅持中國的大一統主義。

　　實際上按照國際法的原則，即使領土的喪失使一個大國變成小國，這個國家的國際人格是不受影響的[59]。

政府

　　國家權力一般是在民選議會委託下通過政府來實現的，而政府也就是「以法律形式組成的政治權力」[60]。

　　台灣國民政府的法統是基於1947年公佈施行的《中華民國憲法》及1991年後國民大會通過的歷次憲法增修條文。在保存五院的基本格局下，從現實出發，規定國民大會代表及立法委員在國家統一前均由自由地區人民選出，而所謂自由地區僅為台澎金馬。

　　根據國際法，一個受到大部分居民習慣上服從並有長久存在的合理希望的政府，可以說是代表這個國家[61]。

---

[59] 《奧本海國際法》（第八版），中譯本，北京商務印書館 1981 年版，上卷第一分冊，頁 122。

[60] Zippelius, R., Allgemeine Staatslehre, Muenchen 1969, S. 43.

[61] 《奧本海國際法》，前引註 59，頁 106。

2300萬台灣人民目前在台灣通過民主普選選出的總統及國會，其所代表的「中華民國在台灣」的合法性是毋庸置疑的。但在治權並不及於中國大陸，由於歷史遺留下來的原因及國際現實無法廢棄中華民國法統的情況下，為數億人民設計的中華民國五權憲法套用到蕞爾小島，其尷尬可想而知。

與其他國家發生關係的能力

1949年之後雖然治權所及範圍大為縮小，但在其管轄範圍之內台灣的國民政府履行國際義務的能力應無疑義，尤其在1972年以前代表中國為聯合國安全理事會的常任理事國，更可證明。

1971年十月中華人民共和國取代中華民國進入聯合國之後，台灣迄今仍與25個國家有邦交關係，而國際間一般均默認台灣為一個獨立的政治實體。例如1979年中共與美國建交三個月後，美國國會通過了《台灣關係法》，其中第四條乙款規定，「每當美國法律提及或涉及外國和其他民族、國家、政府或類似實體時，這些名稱應包括

台灣，這類法律應適用於台灣」[62]。2002年3月26日美台刑事司法互助協定簽字於華盛頓，其內容與美國和加拿大1985年在魁北克簽訂的刑事互助條約相似（均為二十條）[63]，這類例子證明台灣確有承擔國際義務的能力。

　　另外聯合國會員身分與國家承擔國際義務的能力並無絕對關係，瑞士2002年才加入聯合國，1972年中共正式取代中華民國為聯合國安理會的常任理事國，在此之前不能說中共及瑞士均無與其他國家發生關係的能力。

二　承認問題

　　中國的國際人格已存在了數千年，兩岸目前的分治現狀是國共內戰的延續。從這一點上來說，所謂承認問題實際上是政府承認問題，而不是承認一個新國家的問題，如

---

[62] 同前引註 26。

[63] 正式名稱為「駐美國台北經濟文化代表處與美國在台協會間之刑事司法互助協定」；美加條約中譯本載中華人民共和國司法部司法協助局編譯，《國際司法協助條約集》，北京法律出版社 1990 年版，頁 403-409。另外台灣經濟部與印尼也簽有投資保障協定及避免雙重課稅協定，見《中央日報》2002 年 12 月 18 日網路版李明賢報導。

果台灣獨立更改國名，那就另當別論。兩岸關係複雜之處在於新政權並沒有將舊法統完全消滅並取而代之，而是形成了兩個經過半個多世紀逐漸凝固了的互不相隸屬的政治實體。

國際法上來說，外國政府可自由選擇承認新掌權的政府，或是承認只控制國土一部分的舊政權，甚至是承認該國的流亡政府[64]。根據大國的實踐，一國沒有承認另外一個國家及其政府的義務。1949年國際法委員會在國家權利與義務宣言草案中也明確指出，一國沒有要求另一國給予承認的權利[65]。雖然承認與否基本上是一國政府基於政治上的考慮結果，但一旦決定承認時，則必需要確定被承認國具有必要的法律上的資格，所以也是一種法律行為[66]。

不被承認在國家實踐中一般並不認為是缺乏成為國家或政府資格的證明[67]，例如前述蒙特維多公約第三條確認「國家的政治存在並不依賴其他國家的承認（The

---

[64] Seidl-Hohenveldern, supra, note 10, p. 122.

[65] Starke, supra, note 55, p.131.

[66] Ibid., pp. 128 and 131.

[67] Ibid., p.128.

political existence of the State is independent of recognition by the other States）」[68]。中共建國十年之後，1959年建交國家才僅32個。雖然台灣目前僅與25個國家有邦交，但均不影響作為國家或政府的資格，而且斷絕外交關係並不影響前此被承認的政府或國家在國際社會的地位[69]。

　　大陸知名國際法學家陳體強在駁斥西方某些學者的主張時，認為台灣的國民黨政權不能根據有效統治原則和事實主義原則被承認為國家，理由是台灣當時（1981年）之所以能存在，完全是靠美國軍事力量干涉的結果[70]。時過境遷，目前提出的最重要問題應該是台灣民主普選產生的政府及領導人是否合法，因為依傳統國際法原則，一國的合法政府有權請求外國的軍事援助。另外中共官方對不干涉原則的看法也完全是以其政策為導向，例如將1956年秋天匈牙利人民起義定性為「反革命暴亂事件」[71]，無視納吉領導下的匈牙利聯合政府在蘇聯出兵鎮壓前已宣告中立

---

[68] Ipsen, K., Voelkerrecht, 3. Auflage, Muenchen 1990, S. 237.

[69] Starke, supra, note 55, p.137.

[70] 陳體強，〈中華人民共和國與承認問題〉（1981 年在國外講學時的演講稿），載《中國國際法年刊》，1985 年卷，頁 31。

[71] 《毛澤東選集》，前引註 27，頁 329，註 2。

並退出華沙公約組織[72]，周恩來竟稱「根據華沙條約所規定的不可推卸的義務辦事，因此這裡根本不存在蘇聯干涉匈牙利的問題」[73]。與此相反，1968年蘇聯干涉並侵佔捷克的事件中共則對勃列日涅夫主義的「有限主權論」大加撻伐[74]。

　　承認尚有法律上的承認與事實上的承認之分。前者對承認國來說，被承認國或其政府要能滿足國際法上規定有效參與國際社會所應具有的正式必要條件，所以通常是以建立全面外交關係為結果的承認。後者是非全面的和臨時的，對被承認國未來能否滿足上述條件作出有保留的承認[75]。十月革命之後由於蘇俄政府不願承擔對沙俄政府所負財政義務及對沒收外國人財產的補償問題，蘇聯建國以後很多年許多國家還只給予事實上的承認。如前所引用奧本海的說法，「一個受到大部分居民習慣上服從並有長久

---

[72] 〈德國漢堡大學政治研究所歐洲戰爭檔案第 43 號〉，《匈牙利起義》，2002年 7 月 15 日網路版。

[73] 轉引自周鯁生，《國際法》，北京商務印書館 1981 年版，上冊，頁 191。

[74] 《中華人民共和國政府關於中蘇邊界問題的聲明》，北京人民出版社 1969年版，頁 11。

[75] Ipsen, supra, note 68, p.234.

存在的合理希望的政府，可以說是代表這個國家，因而有權被承認」[76]。美國及其他許多國家在七十年代與中共建立全面的外交關係，正是基於這有效統治的原則。

　　1979年中共與美國建交後三個月美國國會通過的《台灣關係法》其中第四條乙款規定，將美國法律適用外國政府及實體時，應包括台灣；與外國政府或類似實體進行或執行計畫、交易或其他關係時，也均應包括台灣，同條丙款規定美國與台灣締結的條約及協定仍繼續有效[77]。第十條丙款規定美在台協會和台在美的北美事務協調委員會享受特權與豁免[78]。奧本海國際法稱，「事實上的承認通常不引起完全的外交交往，也不給予事實上政府的代表以外交豁免權」[79]。美國通過《台灣關係法》對台灣國民政府的待遇遠超過事實上的承認（de facto recognition），應該是介於法律承認（de jure recognition）與事實承認之間的第三種形式（tertium quid），一種非正式的默許認

---

[76] 同前引註 61。

[77] 《國際關係史資料選編》，前引註 21，下冊，頁 580。

[78] 同上，頁 581。

[79] 《奧本海國際法》，前引註 59，頁 110。

可[80]。這種以國內法的形式單方面的特殊安排，只有美國作為世界唯一的超級強權且與台灣有特別的關係，才能在中共強烈抗議下[81]維持到今天，非其他國家所能效尤，無法成為一種「模式」。

三　中華民國的被繼承問題

與上述承認相似，繼承問題在國際法上也分成國家繼承及政府繼承。由於中華人民共和國是以中國的國際人格繼承者自居，並不是新的國際法主體，所以中共繼承國民政府是以國內革命推翻舊政權的結果，也就是政府的更替。但是問題的複雜性在於國民政府的法統仍存在於台灣，並未完全消滅。按國際法上有效統治的原則，中共只能繼承國民政府在大陸上的一切財產，及在與其建立外交關係的國家中的中國政府所有的動產和不動產。

與繼承有關的一個最有名的案例就是1949年底滯留在

---

[80]　參見 Starke, supra, note 55, p.138.

[81]　參見張鴻增，〈從國際法看美國的《台灣關係法》〉，載《中國國際法年刊》，1982 年卷，頁 195-204。

香港的原中國、中央兩航空公司71架飛機的產權爭執。按
中共的立場，這些飛機的產權為「中華人民共和國中央
人民政府所有，受中央人民政府民航局直接管轄」[82]。但
1949年12月12日在英國正式承認中共之前，已由國民政府
行政院批准，將這批飛機賣給了陳納德的「民用航空運輸
公司」[83]。英國的立場是承認的效果不能溯及認為先前所
承認的合法舊政府當時的行為無效，但先前事實上的政府
當時的作為而以後成為合法的新政府則可追溯為有效[84]。
另外中共在此案中堅持國家財產司法豁免原則，對其後在
香港法院和倫敦樞密院進行的產權訴訟拒絕應訴[85]，而且
主權豁免的立場以後也見於對美國湖廣鐵路債券案[86]。

　　有關1949年十月一日中華人民共和國政府成立之前國
民黨政府與外國政府訂立的條約和協議的繼承，按照政
治協商會議綱領第55條規定[87]，是經過審查選擇性的決定

---

[82]　周鯁生，前引註 73，頁 161。
[83]　同上，頁 166。
[84]　Starke, supra, note 55, p.149.
[85]　周鯁生，前引註 73，頁 161-162。
[86]　朱奇武，《中國國際法的理論與實踐》，北京法律出版社 1998年版，頁97。
[87]　《中央人民政府法令彙編》，北京法律出版社 1982 年重印，卷一，頁 27。

是否承認，這與法國大革命及俄國十月革命後的做法類似[88]。

　　一九六〇年代大陸國際法學家周鯁生接受蘇聯法學家的見解，認為1949年之後在階級本質上中國已經變成了一個新的歷史類型國家，因此北京政府「對有關解放以前中國的國際權利義務的處理，作為一種新的歷史類型的國家繼承問題提出是適當的」[89]。鑒於國家繼承在聯合國代表權上可能引出新會員國入會的問題，這種提法以後均不見諸大陸學者的其他論述中。

　　如前所述，繼承問題是與有效統治原則息息相關的。早在一九五〇年代關於中國在聯合國代表權問題上，奧本海就認為一個純粹名義上的當局（台灣）是無權代表該國家的[90]。

　　由於中華民國在台灣存在的這個事實，在政府繼承的時間上似應以1949年為界。在此之後，尤其是1988年兩岸

---

[88] 王獻樞主編，高等政法院校規劃教材《國際法》，中國政法大學出版社1994年版，頁112-113。

[89] 周鯁生，前引註73，頁155。

[90] 《奧本海國際法》，前引註59，頁108。

人民互相來往之前，台灣經濟發展與大陸毫不相干，如果
硬要全盤繼承是講不通的。在有關《台灣關係法》的聽證
會上，美國副國務卿就認為1949年以前取得的外交財產應
屬於北京政府，而其外匯資產是由台灣人民賺得的，應保
持現狀[91]。

　　值得一提的是台灣當局似已間接承認中共在大陸對國
家財產的繼承權，因為按《兩岸人民關係條例》第39條規
定，「大陸地區之中華古物，經主管機關許可運入台灣地
區公開陳列展覽者，得予運出」。所謂的「中華古物」應
非以私人收藏為限，大陸國家博物館及畫廊原國民政府所
有的珍藏亦應包括在內。

四　屬人及屬地最高權

　　根據奧本海國際法的說法，國家作為國際人格者，是
享有獨立與屬地（即領土主權）及屬人（統治權）的最高
權[92]。

---

[91] 轉引自張鴻增，前引註 81，頁 202。
[92] 《奧本海國際法》，前引註 59，頁 216。

　　領土主權是指一國對其領土享有最高權力，領土主權不容許侵犯，國家享有排他的領土管轄權。主權在排斥對於另一國家的依附而言，主權就意味著獨立。而這一點正是大陸把兩岸關係定位在內政問題上的原因，以中國主權不容分割為由，對抗外國的干預[93]。但這畢竟是單方面的主張，與兩岸分治的現實情況並不吻合。

　　目前在台灣的國民政府其法統是基於1947年公佈實施的《中華民國憲法》，其中第四條規定，「中華民國領土依其固有之疆域，非經國民大會之決議不得變更之」。為了遷就現實情況，基於有效統治原則，務實地在《兩岸人民關係條例》第二條第一款中，承認政府統治權在國家統一前僅及台澎金馬；第十條規定大陸地區人民非經主管機關許可，不得進入台灣地區，違反者可不待司法程序之開始或終結，逕行強制出境（第十八條第一款）。由這個例子可以看出，大陸對台灣地區並未有任何實質上的管轄

---

[93] 《國台辦 2000 年白皮書》，前引註 54，頁 15。台灣地區並不在中共憲法的有效管轄範圍之內，片面主張目前對台享有的主權純粹是名義上的。半個多世紀以來並未能實際行使的對台主權在 1947 年中華民國憲法法統依然存在的情況下，是否可以談到「分割」問題，似應進一步探討。

權。另外《中華民國憲法》第三條規定，具有中華民國國籍者為中華民國國民，並根據第十條規定享有居住及遷徙之自由，大陸地區人民顯然不在此列。

　　台灣的國民政府在台澎金馬治權範圍之內，確實享有屬人及屬地最高權，例如：

● 刑法第三條「本法於在中華民國領域內犯罪者，適用之」，第九條「同一行為雖經外國確定裁判，仍得依本法處斷」。

● 所得稅法第二條「凡有中華民國來源所得之個人，應就其中華民國來源之所得，依本法規定，課徵綜合所得稅」。

以上規範對象顯然包括本國人及外國人。

　　主權還表現在國家除自願接受條約限制外，可以自由處理它的國際事務，尤其是簽訂條約，派遣及接受外交使節之權，也就是憲法第141條規定，「中華民國之外交，應本獨立自主的精神，平等互惠之原則……」。與台灣中華民國保持邦交的國家仍有25個，完全可以承擔在主權所及的領土範圍之內的國際義務。受制於大陸官方立場，「中華人民共和國政府是代表全中國人民的唯一合法政

府，台灣是中國的一部分」，客觀上中華民國的國際活動
空間縮小，但這並不影響其1949年遷台以來具有的國際人
格，尤其是一個政治實體的主權並不因另一主權國家單方
面在沒有有效統治的情況下，僅憑提出的全面繼承的主張
而消失。上述獨立自主與美國簽訂的刑事司法互助協定就
是一個很好的例子。

五　保持和平占有現狀的原則

　　戰後以德國文格勒為代表的國際法學家認為，原先統
一的國家由於內戰的原因，交戰雙方各自擁有一塊地盤及
居民，並能對之行使有效的統治權，而兩者均以國家的形
態（Gebilde）出現，這種情況應適用《聯合國憲章》第
二條第四款不得使用威脅及武力的規定[94]，他特別以中共
及台灣之間的關係為例。很明顯地，半個多世紀以來兩岸
因內戰結果形成的分治局面並不是純粹內政問題。
　　國際法及聯合國的宗旨最重要的就是維持國際和平

---

[94] Wengler, W., Das voelkerrechtliche Gewaltverbot: Probleme und Tendenzen, Berlin 1967, S.32.

及安全，經過兩次世界大戰，人類深深感到沒有和平的環境，其他民主、自由、人權及經濟文化的發展均是空話。因此聯合國對使用武力解決糾紛的權利儘量限制到最低限度，甚至傳統國際法准許的以武力奪回非法占領的土地也在禁止之列[95]。換句話說，誰首先在實際占有的領土之外使用武力，誰就是侵略者[96]，而其結果則是任何以武力改變現狀的行為都是違反不使用武力的原則，因而是不符合國際法的。

在解決領土歸屬的國際爭端中最重要的一個原則就是保持和平占有現狀，而其先決條件則是和平占有必須是經久的及有生命力的，保證現狀的穩定和未來的安定，也就是說現有政權能提供一個持久不變的秩序和制度，以保障能承擔國際法上的義務。只有在法律的穩定性和可靠性以及和平的大前提下，國際法才承認隨著時間的推移所形成的事實為合法，即事實產生權利（ex factis ius oritur）

---

[95] Dahm, G., Voelkerrecht, Stuttgart 1961, Band II, S. 361; Ipsen, supra, note 68, p.268.

[96] Wengler, supra, note 94, p.48. 參見聯合國大會 1974 年 12 月 14 日「關於侵略定義的決議」第一條國家一詞「其使用不影響承認問題……」

的原則[97]，兩岸分治半個多世紀的現實正是這理論最佳的詮釋，而國際習慣法上的原則「和平（安寧）不可擾」（quieta non movere）也是這論點的基礎。總而言之，內戰中分裂的新國家（Neustaat）及剩餘國家（Reststaat）之間的武裝衝突不是內政問題，而且由於內戰雙方並不都是聯合國會員國，所以應該適用《聯合國憲章》第二條第四款不得使用威脅及武力以及同條第六款應保證非會員國遵行上述原則的規定[98]。

　　1954年中共，印度及緬甸共同倡導的「和平共處五原則」（即互相尊重主權和領土完整，互不侵犯，互不干涉內政，平等互利及和平共處）[99]內容基本上與保持和平占有現狀的原則相似，但適用範圍只限於國家之間，國共內戰雙方的關係依中共官方的立場來說是純內政問題。其實

---

[97] Zimmer, G., Gewaltsame territoriale Veraenderungen und ihre voelkerrechtliche Legitimation, Berlin 1971, S.204. 陳體強認為一個由單一國家造成的非法事實如果其存在能持續和有希望經久不變，則可被容忍並形成新法律秩序的一部份，見 Chen, The International Law of Recognition, London 1951, p.421.

[98] Wengler, supra, note 94, pp.32/33。

[99] 朱奇武，前引註 86，頁 51-57。

　　《聯合國憲章》第二條第七款「不得認為授權聯合國干涉在本質上屬於任何國家國內管轄之事件」並不適用於安理會按照憲章第七章於斷定「任何和平之威脅，和平之破壞或侵略行為之是否存在」（第39條）後，著手採取執行措施的情形[100]。另外對於第六章爭端之和平解決，安理會中爭端當事國按憲章第27條第三款規定，不得投票。

　　中共在領土問題上其實也遵守和平占有現狀原則，例如俄國違反1858年不平等的璦琿條約占有東北江東64屯，但北京方面迄今未提出返回要求[101]。另外1969年中蘇邊界問題上，中共也有相似的立場[102]。

---

[100] 《奧本海國際法》，前引註 59，頁 307。中共法學家也認為凡屬構成對國際和平與安全的威脅都是違反國際法的，都不能作為「內政」看待，見王鐵崖主編，高等學校法學教材《國際法》，北京法律出版社 1981 年版，頁 76。

[101] 璦琿條約全文見王鐵崖編，《中外舊約章彙編》，北京三聯書店 1982 年版，第一冊，頁 85-86；參見中國社會科學院近代史研究所，《沙俄侵華史》，北京人民出版社 1978 年版，卷二，頁 137。

[102] 1969 年 10 月 8 日中華人民共和國外交部文件「維持邊界現狀，避免武裝衝突」。

第三章　現代國際法上的人民自決權

　　2000年五月陳水扁就任中華民國第十任總統，宣誓遵守《中華民國憲法》（憲法第48條）。但由於其民進黨背景及台獨黨綱最終目的是以公投方式建立台灣共和國，顯然有「危害中華民國之存在」（司法院大法官審理案件法第19條）的違憲嫌疑。這種內在的矛盾最突出的例子表現在陳水扁於2002年8月3日在東京世台會以視訊方式發表的「一邊一國論」，強調「台灣是一個主權國家」，又說「台灣、中國，一邊一國」，從頭到尾不提中華民國。此外，他進一步說有必要以公民投票決定台灣的未來，「公民投票是我們長遠追求的目標」[103]。

---

[103] 見 2002 年 8 月 3 日《聯合晚報》網路版報導；陳錫蕃，正確解讀最新民意調查，《中央日報》2002 年 8 月 10 日網路版。

　　以下就公民投票人民自決這問題，檢視一下國際法上各方有關理論。

一　西方國際法理論

　　有關公民自決的問題，其根源應溯自十七世紀歐洲民主及分權的思潮。英國洛克的社會契約說，認為為了保障生命、自由及私有財產，人們就通過協議結成契約，建立了社會，也就是國家[104]。同時代另一自然法學派的國際法學家德國人普芬道夫（Pufendorf）主張人民是通過一種默認的隸屬契約（Subjektionsvertrag）將治權交給了統治者，統治者的權力是來自被統治者的同意[105]。

　　1628年英國的權利請願書（未經國會法案共表同意，不得濫徵稅）[106]和1689年的權利法案，確立民選國會對國王權力的限制[107]。1776年美國獨立宣言宣稱政府的正當權

---

[104] 北京大學「歐洲哲學史」編寫組，《歐洲哲學史》，北京商務印書館 1977 年版，頁 315。

[105] Zippelius, supra note 60, pp. 61-62.

[106] 《憲法資料選編》，前引註 6，第三輯，頁 229-232。

[107] 同上，頁 238-239。

力則係得自被統治者的同意，而且人民有權利改變或廢除舊政府建立新政府[108]。按照這種思路，人民自決包括在民主的涵義之中，例如聯邦德國1949年基本法前言中就明確要求全體德國人民（包括東德），在「自由的自決」中實現德國的統一和自由[109]。換句話說，人民有權選擇自己的政府也就是自決；在一個主權獨立的民主國家之內，根本就無需強調人民自決。

第一次大戰後美國威爾遜總統宣布的14條，其中給奧匈帝國及土耳其帝國統治下的其他民族以自治的權利[110]，由此開始逐漸形成了國際上民族自決的原則。二次大戰後，自決權又意味著是在殖民統治下人民的獨立權，公認享有自決權的是非自治領土或託管領土的人民。在這些人民獨立建國後，按西方一些法學家的看法，自決權在國際法上已失去了它的意義[111]。另外一些學者則認為自決權

---

[108] 同上，第四輯，頁 229。

[109] 同上，第五輯，頁 101。

[110] 日本國際法學會編，《國際法辭典》，中譯本，北京世界知識出版社 1985 年版，頁 645。

[111] Emerson, R., Self-Determination, in: Proc. Am. Soc. of Int. Law, 1966, p.138.

應有較明確的定義，其主體是民族還是人民？人民的定義又是什麼？具體實施自決權的前提要件是什麼？正因為有如此眾多的問題存在，德國學者賽德爾一霍恩費爾登認為，在國際法上沒有規定領土分割一定要取決於公民投票的結果[112]。英國學者施塔克則主張公民投票不是取得領土的方式，充其量只是在此之前的一個步驟而已[113]。

　　1941年8月14日美國總統羅斯福與英國首相邱吉爾發表的人西洋憲章雖然在國際法上只是一個政治宣言，但其中所包含對未來世界新秩序的藍圖為以後《聯合國憲章》的基本宗旨奠定了基礎。西方學者認為大西洋憲章已明確闡述了美英兩大強權對民族自決的看法，尤其是其中第三點「尊重各民族自由選擇其所賴以生存的政府形式的權利，各民族中的主權和自治權有橫遭剝奪者，兩國俱欲設法予以恢復」[114]。1955年3月9日中共國務院關於成立西

---

[112] Seidl-Hohenveldern, supra, note 10, p.241. 類似觀點見《奧本海國際法》，前引註 59，上卷第二分冊，頁 73；Verdross/Simma, Universelles Voelkerrecht, 2. Auflage, Berlin 1981, S.559.

[113] Starke, supra, note 55, p.157.

[114]《國際關係史資料選編》，前引註 21，上冊第二分冊，頁 721-722。

藏自治區籌備委員會的決定[115]被認為與1956年秋天蘇聯出兵鎮壓匈牙利人民起義如出一轍，與大西洋憲章中宣示的民族自決權明顯不符[116]。

通過參與制訂聯合國一系列有關自決權的宣言和決議，西方國家事實上已承認自決權為國際法的原則之一，尤其認為建立和維護一個為其人民所一致反對的極權獨裁政權是對自決權的踐踏（例如1956年匈牙利事件）[117]。

二 《聯合國憲章》及有關公約

第二次世界大戰後，亞、非兩洲殖民地爭取獨立的運動風起雲湧，民族自決作為新的國際法原則反映在一系列聯合國宣言與決議之中。其中最重要的要數以下幾種：

● 1945年6月26日《聯合國憲章》第一條第二款規定

---

[115] 其中第三條規定廳、委的主任、副主任和各處處長、副處長人選均須報國務院批准任命；第四條有關國家行政事宜，受國務院直接領導。全文見《法規彙編》卷一，頁525。

[116] Meissner/Veiter, Das Selbstbestimmungsrecht nach sowjetischer und westlicher Lehre, Wien/Stuttgart 1967, S. 36.

[117] Ibid., pp. 36-37.

聯合國的宗旨之一是「發展國際間以尊重人民平等
權利及自決原則為根據之友好關係」。此處提及的
是「人民自決」而不僅為「民族自決」。

● 1960年12月14日聯合國大會通過的「給予殖民地國
家和人民獨立宣言」[118]，宣布「所有人民都有自決
權；依據這個原則他們自由地決定他們的政治地
位，自由地發展他們的經濟、社會和文化。」應該
注意的有兩點：（1）自決權在此是在「迅速和無
條件地結束一切形式和表現的殖民主義」的大前提
下去理解的，重點應是「非殖民地化」。（2）為
了保障世界上多民族國家的領土完整，又規定了任
何旨在分裂一個國家的團結的企圖都是與《聯合國
憲章》的宗旨相違背的。

● 1970年10月24日聯大通過的「關於各國依《聯合
國憲章》建立友好關係及合作之國際法原則宣
言」[119]，確認「人民平等權利及自決原則為對現代

---

[118] 王鐵崖及田如萱編，《國際法資料選編》，北京法律出版社 1982 年版，頁
10-12。
[119] 同上，頁 1-9。

國際法之重要貢獻」。其中對民族自決權有專項論述，承認民族實施自決權的方式為自由決定建立自主獨立的國家，與某一獨立國家自由結合或合併，或採取任何其他政治地位。與1960年宣言相似，禁止對代表多民族及不同信仰或膚色全體人民政府的領土完整或政治統一採取破壞之任何行動。

● 1966年12月9日開放簽字的「公民及政治權利國際盟約」第一條即規定「所有民族均享有自決權」，自由決定其政治地位並自由從事其經濟、社會與文化之發展[120]。

民族自決權原先最主要的內容是指非殖民化運動中，非自治領土或託管領土或受外國統治人民爭取獨立建國的權利，其後包括了發展自己的經濟、文化和自由處置自己天然資源的權利。一九六〇年代之後各殖民地均已相繼獨立，所以有人主張自決權已經過時[121]。但是另外則有

---

[120] 同上，頁 166-167。

[121] 哈佛大學的 Emerson 教授認為在非殖民化高潮過去之後，國際上保持國家領土完整的原則優先於分離權，實行人民自決以建立獨立國家的空間將非常之小；見 Emerson, R., Self-Determination, in: Am. J. of Int. Law, Vol. 65（1971），p.465.

人認為自決權在當今世界上仍不失為國際法上的重要原則，其主體已不見得一定要是「民族」，也不一定是非自治領土或託管領土以及其他形式的殖民統治下的人民，而是構成一國全部人口的整個人民；自決權的內涵則是維護自己在國際上的獨立地位，按自己的意志謀求國內的經濟、社會和文化的發展[122]。自決權在這個意義上與國家的獨立權基本相同，但要以該國政府真正代表該國人民為前提，也就是應按1948年聯合國世界人權宣言第21條第三款的規定「人民意志應為政府權力之基礎，人民意志應以定期且真實之選舉表現之，其選舉必須普及而平等，並當以不記名投票或相當之自由投票程序為之」[123]。近年來在台灣的中華民國成功實施的總統直選及政黨輪替，為亞太發展中國家作出了民主的榜樣。

　　總而言之，按《聯合國憲章》及宣言內容，現代人民自決權的涵意不外是對內民主對外獨立的權利。

---

[122] 參見白桂梅，〈論人民自決權〉，載《中國國際法年刊》，1993 年卷，頁111。

[123]《國際法資料選編》，前引註 118，頁 149-150。

三　前蘇聯學者的說法

　　馬列主義認為國際法只是經常處於變動中的外交政策的一種法律表現形式，而目前的形態只適用於從資本主義到共產主義的過渡階段，所以其存在是有期限的[124]。但在當今世界國家林立的情況下，蘇聯國際法理論不僅將自決權視為一般國際法的原則（principle），而且也是國際法的規範（norm）[125]。例如蘇聯學者認為兼併是單方面以武力侵佔他國領土的行為，其非法的原因不是由於使用武力，而是違背自決權的結果。如果與自決權相衝突，歷史論據和地緣政治的理由均不為蘇聯國際法所接受[126]，但1939年德蘇共同瓜分波蘭則明顯地與以上主張大相矛盾。

　　按照史達林對馬克思主義民族問題的闡述，自決權的主體只是民族（nation）並不是人民（people）[127]，而近

---

[124] Meissner/Veiter, supra, note 116, p.9.

[125] Ibid., p.11.

[126] Ibid., pp.19/20.

[127] Ibid., p.16.

代民族自決權的概念據說是列寧首次提出的，這是前蘇
聯國際法學家一致的的看法。列寧在1914年《論民族自決
權》一文中確實提到所謂的民族自決權就是民族脫離異族
集體的國家分離，就是組織獨立的民族國家的權利[128]。

　　1917年11月2日《俄羅斯各族人民權利宣言》中聲稱，
作為民族問題方面的活動基礎是俄羅斯各族人民的平等
和自主權，以及自由自決乃至分立並組織獨立國家的權
利[129]。

　　在1918年美國威爾遜總統的十四點其中有關民族
「自治」後來形成民族自決的概念之前，1917年11月8日
蘇俄政府的和平法令中主張「不受絲毫強制地用自由投票
的方式決定這個民族的國家形式問題」。換句話說，也就
是將民族問題與殖民地與附屬國人民爭取從帝國主義壓迫
下獲得解放的問題聯繫在一起[130]。

　　前蘇聯科學院法學研究所集體編著的國際法教科書中
認為，基於民族自決權的原則改變領土歸屬的方式可以是

---

[128] 《列寧選集》，北京人民出版社 1965 年版，卷二，頁 436。
[129] 《國際關係史資料選編》，前引註 21，上冊第二分冊，頁 418。
[130] 同上，頁 394。

最高立法機關在自由的意志表達基礎上作出的決定，也可以通過自由的公民投票方式實現。前者例如1940年波羅的海三小國「自願」加入蘇聯，後者例如1945年外蒙通過公民投票後的獨立。同書也承認國際上公民投票改變領土的歸屬在歷史上是早已有之的事，例如1791年阿維尼翁及1860年薩瓦省之歸於法國，1944年冰島脫離丹麥而獨立等等[131]。

　　基於二次大戰後東西兩大陣營冷戰形勢的發展，前蘇聯常以亞非拉國家的代言人自居，非殖民化作為意識形態領域中鬥爭的主題之一，民族自決問題基本上在前蘇聯的法學家眼中是與新興國家爭取獨立建國分不開的。

四　中國大陸學者的觀點

　　自中共建國以來，國際法研究被長期忽視[132]。1957年

---

[131] Akademie der Wissenschaften der UdSSR, Voelkerrecht (deutsche Uebersetzung), Hamburg 1960, S. 191-192.

[132] Chiu, H., Communist China's Attitude toward Int. Law, in: Am. J. of Int. Law, Vol. 60 (1966), p.267.

初在整風反右的大政治氣候下，大陸學術雜誌上展開了為期一年多的關於國際法體系的爭論，也就是說馬克思理論中法律的階級觀如何反映到國際法上的問題，最終是沒有具體結果而不了了之[133]。

　　十年文革之後，1981年北京商務印書館出版了周鯁生1964年寫的《國際法》，其中並未具體提及以公民投票改變領土歸屬的問題，但同年出版的高等院校法律教材《國際法》一書則明確指出，公民投票是一種新的領土變更方式，也就是說居民以投票方式決定土地的歸屬，但其合法性取決於居民通過自由投票而自由表示自己的意志[134]。

　　司法部編審的高等政法院校規劃教材《國際法》中把全民投票認為是現代國際法承認的領土變更方式，但領土上的居民應自主地參加投票，自由地表達居民真正的意願。特別是將「民族自決」另列為變更方式的一種，專指一個民族從殖民國家或宗主國脫離出來成立獨立國家或加入其他國家而發生的領土變更，其形式可以是公民投

---

[133] Ibid., pp. 251-256.
[134] 高等學校法學教材《國際法》，前引註 100，頁 149-150。

票，也可以是武裝鬥爭[135]。其他方式還有交換領土和收復失地（未提及台灣）。

華東政法學院法學教材《國際法概論》認為國際法關於領土取得和喪失的實踐，除民族自決以外，也包括收復失地在內，特別提到根據《開羅宣言》及《波茨坦公告》，台灣歸還中國[136]。

大陸法學家朱奇武在1998年出版的《中國國際法的理論與實踐》一書中，把民族自決、收復失地（包括台灣澎湖）及公民投票並列為現代領土變更的方式。公民投票決定領土的歸屬必須具備三個條件：（1）合法正當的理由，例如民族自決；（2）居民自由表達人民意願；（3）應由國際監督[137]。武漢大學梁西主編的《國際法》及南京大學韓成棟和潘抱存主編的《國際法教程》其中觀點與朱奇武相似[138]。大陸一九八〇年代初以來出版了不少

---

[135] 高等政法院校規劃教材《國際法》，前引註 88，頁 148-149。

[136] 華東政法學院，法學教材《國際法概論》，浙江人民出版社 1986 年版，頁 115-116。

[137] 朱奇武，前引註 86，頁 115-116。

[138] 韓成棟及潘抱存主編，《國際法教程》，南京大學出版社 1998 年版，頁 163；梁西主編，《國際法》，武漢大學出版社 1994 年版，頁 141-142。

國際法的綱要，入門及講義，有關內容大同小異，不在此
一一列舉了。

值得注意的是大陸所有國際法學者論及公民投票改變
領土歸屬時，其主體都是該領土上的「居民」，顯然不是
包括當事國的「全體公民」。另外把台灣問題列為收復失
地作為國際法上領土取得的方式之一，也是大陸一些法學
家的新觀點，但如使用武力，則不可避免地與上述保持和
平占有現狀的原則相衝突。

第四章 國際社會中通過自決權改變領土歸屬的實踐

國際社會中以公民投票行使自決權變更領土歸屬的例子頗多，尤其是二十世紀五、六十年代，非殖民化運動中許多爭取獨立的民族因之建立了新國家。

選擇簡介下述三案例因為一是外蒙歷史上與中國的關係密切，二是德法關於薩爾區的歸屬是戰後西方國家和平轉移領土主權的典範，三是東帝汶獨立建國是在聯合國監督下公民投票的最新實踐。

一 外蒙獨立（1921-1945年）

　　清康熙22年8月台灣內附八年之後，康熙30年（1691）蒙古正式併入中國版圖[139]。1911年辛亥革命之後，國內政壇紛爭不已自顧不暇，沙俄乘機要求中國政府承認外蒙自治地位，並於1912年11月3日單方面與外蒙簽訂俄蒙協約，其中公然宣稱「蒙古對中國的過去關係已經終止」[140]。中俄雙方幾經交涉，於次年11月5日簽署聯合聲明，俄方承認中國在外蒙的宗主權，中方承認外蒙之自治權[141]。根據上述聲明第5條，中俄蒙三方於1915年6月7日在恰克圖會議上簽訂中俄蒙協約，規定外蒙古承認中國宗主權，中俄承認外蒙自治，為中國領土之一部分[142]。

　　1917年十月革命後，沙俄無力繼續給予外蒙經濟支援，蒙古活佛1919年11月取消自治[143]。1921年蘇聯政府為

---

[139]《清史稿》，香港新版，無出版年代，卷一，頁28。
[140] 中國近代史編寫小組，《中國近代史》，北京中華書局1977年版，頁535。
[141]《中外舊約章彙編》，前引註101，第二冊，頁947-948。
[142] 同上，頁1117。
[143]《中國近代史》，前引註140，頁538。

了追擊白俄殘部，與在其領土上成立的蒙古革命政府簽訂了祕密協定並相互建立了外交關係，外蒙允許蘇俄紅軍進駐[144]。為了澄清外蒙的地位，中蘇於1924年5月31日簽訂了《解決懸案大綱協定》，其中第五條規定「蘇聯政府承認外蒙為完全中華民國之一部分，及尊重在該領土內中國之主權」[145]。1936年蘇聯政府不顧上述協定，與蒙古締結了同盟條約對付日本及偽滿的軍事挑釁，引起了國民政府強烈抗議[146]。

1945年在雅爾達會議上，英美蘇三國首腦為了爭取蘇聯對日宣戰，背著中國簽訂了雅爾達祕密協定，其條件之一為「外蒙古的現狀須予維持」[147]，並由美總統採取步驟取得中國方面的同意。在美國的強大壓力下，國民政府於1945年8月14日簽訂中蘇友好同盟條約的同時，在附屬的照會中聲明，如外蒙人民由公民投票證實獨立之願望，中

---

[144] Pommerening, H., Der chinesisch-sowjetische Grenzkonflikt, Olten u. Freiburg i.B. 1968, S.161.

[145] 《中外舊約章彙編》，前引註 101，第三冊，頁 424。

[146] Pommerening, supra, note 144, p.163.

[147] 《國際關係史資料選編》，前引註 21，上冊第二分冊，頁 766。

國政府當承認外蒙獨立[148]。隨後於同年10月20日舉行公民投票，投票率達98,4%，但竟無一票贊成蒙古留在中國之內[149]，確屬世界上有選舉以來的奇聞。

　　毛澤東早在1939年外蒙正式獨立之前就已承認蒙古人民共和國的存在[150]，但1936年與美國記者史諾的一次談話中卻希望外蒙在中國革命成功後，能自動再成為中國的一部分[151]。中共建國僅半個月後，即與外蒙於1949年10月16日建立了外交關係，承認了外蒙經由公民投票表達的獨立願望。

---

[148] 《中外舊約章彙編》，前引註 101，第三冊，頁 1330。1945 年中蘇友好同盟條約及其照會在聯合國大會 1952 年 2 月 1 日通過控蘇案後於次年 2 月 14 日宣告廢止。為了務實安排，台灣與蒙古於 2002 年 9 月一日起互設代表處。

[149] Knutson, Jeanne N., Outer Mongolia: A Study in Soviet Colonialism, Hong Kong 1959, p.82.

[150] 《毛澤東選集》，北京人民出版社 1965 年繁體字版，卷二，頁 615。

[151] Snow, E., Red Star over China, New York 1961, p. 96. 此段在中譯本《西行漫記》中似已刪除。

二 德法關於薩爾區歸屬的公民投票（1955年）

薩爾區在德國西南部，與法國接壤，面積只有2570平方公里，目前人口約一百萬，是著名的煤炭鋼鐵產地。第一次大戰後根據《凡爾賽和約》由德國劃出，置於國際聯盟的委任統治下，並規定於15年內由當地居民投票決定歸屬[152]。1935年元月13日舉行的公民投票，90,76%有投票權的居民選擇歸還德國，同年三月一日起重新併入德國版圖[153]。

二次大戰後薩爾區屬法國占領區，法國有意對之正式兼併，但遭其他戰勝國反對。1947年底薩爾憲法生效，在前言中確定經濟上歸屬法國並從德國分離，法國給予薩爾一些自治權[154]，但地位一直未定，影響德法兩國關係，為西歐一體化的進程造成困擾。

---

[152] 凡爾賽和約第 45 及 49 條見《國際關係史資料選編》，前引註 21，上冊第二分冊，頁 468; Jellonnek, B., Das Saarland, in: Wehling, H.-G. (Hrsg.), Die deutschen Laender, 2. Anflage, Opladen 2002, S. 212.
[153] Jellonnek, ibid.
[154] Ibid.

　　1952年德法開始就薩爾問題進行磋商，1954年在巴黎簽訂了《薩爾規約》，規定在對德和約簽訂前將薩爾區置於西歐聯盟部長理事會任命的專員統治之下[155]。1955年5月5日德法交換了規約批准書，可是同年10月23日作為生效條件的薩爾全民投票結果，67,7%反對（投票率96,6%），致規約未能生效。因此之故，次年10月27日簽署了以薩爾歸還德國為內容的盧森堡條約。1956年12月14日薩爾區區議會按德國基本法第23條規定，宣告自願加入聯邦共和國後，政治上重歸西德，但經濟上作為法郎區仍與法國維持關稅及貨幣同盟關係直至1959年7月5日[156]。

　　本案例值得注意之處是德法兩方事先均未料到1954年《薩爾規約》居然為公民投票所否決，因此在規約中並未預先作出相關規定，但由此也體現了西歐民主國家「主權在民」的真諦。

---

[155] Ibid.

[156] Ibid., p.213.

三 東帝汶獨立問題（1975-2002年）

東帝汶位於亞洲東南帝汶島東部，還包括附近的阿陶羅島及歐庫西島，面積14925平方公里[157]，目前人口估計約80萬。

16世紀初葡萄牙人就已抵達帝汶，1859年與荷蘭簽訂協議瓜分帝汶島，東部歸葡萄牙所佔，由葡政府委任總督統治，1951年改為葡萄牙的海外省之一[158]。

1975年11月28日在東帝汶獨立革命陣線領導下宣布獨立，建立東帝汶民主共和國。十天之後印尼軍隊大舉入侵，占領首都帝力。聯合國安理會於1975年12月22日以384號決議及1976年4月22日389號決議，呼籲印尼撤兵，並按《聯合國憲章》宗旨及聯大1960年通過的「給予殖民地國家和人民獨立宣言」的原則，賦予東帝汶人民自決及獨立的權利[159]。但印尼總統蘇哈托悍然不顧國際輿論及聯

---

[157]《國際時事辭典》，北京商務印書館 1981 年版，頁 133-134。
[158] 同上，頁 134。
[159] 東帝汶民主共和國政府公告網頁附錄。

合國安理會的決議，於1976年7月簽署一項特別法案，將東帝汶併入印尼版圖，成為印尼的第27個省[160]。1981年11月聯大又通過了36/50號決議，重申東帝汶人民不可讓渡的自決與獨立的權利，要求當事各國與聯合國合作，以保證上項權利的行使[161]。

　　1998年因受亞洲金融風暴影響，多年積弊全部爆發，貨幣大幅貶值外資撤離，國內公司大批倒閉的情況下，印尼蘇哈托政權垮台。在聯合國斡旋下，葡萄牙就東帝汶問題與印尼新政府進行磋商，並於1999年5月5日達成關於東帝汶人民獨立或自治的公民投票協議。同年聯大安理會6月11日通過成立東帝汶援助派遣單位UNAMET（United Nations Assistance Mission in East Timor），監督公民投票。1999年8月30日舉行全民普選，78,5%選擇了獨立的道路（投票率98,6%）。在UNAMET組織下，2001年8月30日舉行了制憲大會代表選舉及2002年4月14日的總統大選。2002年5月20日正式宣告獨立[162]，並申請加入聯

---

[160] 《國際時事辭典》，前引註 157，頁 134。

[161] 同前引註 159。

[162] Munzinger-Archiv/IH-Laender aktuell 23/02, S. 7/8.

合國成為第191個會員國。

　東帝汶長達27年的建國之路之所以成功主要不外兩點：一是聯合國的積極調處，二是利用印尼內部政權更迭的機會。弱小民族最後能否實現獨立，外部因素確實不可忽視。

第五章　影響台灣人民自決的外在因素

　　台灣是一個島國經濟，天然資源並不豐富，對外貿的依存性很高，國際聯繫極端重要。任何體制上的變動，台灣人民和政府都必須審時度勢，不能輕舉妄動。尤其是對岸中共當局的態度，以及美國作為唯一能軍事上反制中共武力攻台的超級大國的反應，更不能忽視。

一　兩岸關係的定位：一國兩制、兩德模式及中華邦聯

　　1895年起台灣受日本統治五十年，1945年歸還中國四年之後因國共內戰結果又與大陸分離。1949年中華人民共和國成立以來兩岸社會制度截然不同，按國際法上有效統治的原則中共當局的主權管轄範圍並不及於台澎金馬，這種分

治情況延續至今。兩岸關係的定位照中共的設想是「一國兩制」，而台灣方面則傾向於兩德模式[163]或邦聯制。

一國兩制

1979年中共與美國建交之後，基於務實的考慮尊重兩岸分治的現狀而有鄧小平倡議的「一國兩制」設想，從1981年葉劍英的對台九條方針政策以來就未有基本改變。其核心是國家統一後，在中央政府授權之下，台灣可作為「高度自治」的特別行政區，也就是台灣保持資本主義（三民主義）不變，而大陸則仍然施行所謂的社會主義，而樣板則是目前香港及澳門的特別行政區制度。在「一國兩制」的前提下，未來的「台灣特別行政區」只能根據中共1982年憲法第31條，「在特別行政區內實行的制度按照具體情況由全國人民代表大會以法律規定」[164]，而這也是香港基本法的法源。這種安排與現今施行於台灣的《中華民國憲法》明顯牴觸，而取消中華民國的法統恐怕

---

[163] 行政院陸委會，《台海兩岸關係說明書》，台北 1994 年版，頁 34 及 45。
[164]《法規匯編》，1982 年卷，頁 13。

不是大多數台灣居民包括主張和平統一的人士所能接受的。尤其是在這部憲法及其增修條文之下，台灣近年來成功實行了總統直選及政黨輪替，在民主政治的進程上遠遠超過大陸及香港（按「香港特別行政區行政長官的產生辦法」第二條規定，其選舉委員會委員的產生方法與西方民主普選的程序相距頗大[165]）。

　　中共的對台政策從八十年代以來是前後一貫的，主要是四個官方政策性的文件，即1981年的葉（劍英）九點，1995年的江（澤民）八點以及國務院台灣事務辦公室（國台辦）1993年和2000年的兩次白皮書。其他小道消息或大陸涉台事務權威人士在接見台灣代表團的場合說的一些話，在沒有形成正式政策之前，似均不足為據。

　　中共國務院台灣事務辦公室於2000年二月發表的「一個中國的原則與台灣問題」的白皮書頗有代表性，但其中論點實在大有商榷的餘地：

- 首先，該文混淆了現在與未來，無視兩岸分治現實在真正統一前到底還不是一國，片面主張1949年起

---

[165] 條文規定原文見《法規匯編》，1990 年卷，頁 43。

中華人民共和國取代了中華民國政府成為全中國唯一合法政府「已經享有和行使包括台灣在內的全中國主權」[166]。在台灣尚未成為中華人民共和國特別行政區之前，就單方面把兩岸關係定位為內政問題，這就為兩岸通航的法律適用上因主權問題設置了障礙。

● 提出兩岸平等談判的同時，又確定台灣只是一個地方當局[167]。這意味著談判可以是平等的，但結果因中央與地方的關係卻絕不可能是平等的。換句話說，談判的目的和內容只能是台灣方面放棄中華民

---

[166] 《國台辦 2000 年白皮書》，前引註 54，頁 15。

[167] 同上，頁 4 及 9。江澤民在中共十六大的政治工作報告中有關台灣部份（原文見《聯合報》2002 年 11 月 9 日網路版）提出了「新三段」論，即「世界上只有一個中國，大陸和台灣同屬一個中國，中國的主權和領土完整不容分割」，引起了外界不同的揣測。其實如聯系全文來看，中共對台政策的基本核心部份並未有任何實質上的鬆動：（1）堅持和平統一進程的「江八點」，其中最主要的出發點就是特別行政區和高度自治的「一國兩制」，（2）主權不容分割的含義則是中華民國法統無存在的空間，（3）可以討論台灣地區在國際上與其身份相適應的經濟文化社會活動空間和台灣當局的政治地位問題，「我主你從」的口氣躍然紙上，（4）暫時擱置某些政治爭議，但顯然不包括「三通」涉及的法律是否可以不適用中共國內法的問題。另外「台灣同胞可以同大陸同胞一道，行使管理國家的權利」，但卻沒有交代大陸同胞目前這種權利在一黨專政下是如何具體行使的。

國法統和成立特別行政區的技術細節，談不到擱置
主權爭議，務實地解決兩岸人民經貿來往所帶來的
實際問題。

● 有關台灣人民公民投票的論述[168]也是大可商討的。
按照國際法保持和平占有現狀的原則及由此產生的
事實規範力（normative Kraft des Faktischen）和有效
統治原則，經過半個多世紀以來內戰結果凝固了的
分治現實所形成的兩個政治實體之間的關係，絕不
是單純的內政問題。其次，有關領土歸屬的公民投
票主體都是當地居民，這也是大陸國際法學者所一
致承認的。除非該有爭執的領土是在宗主國或占領
國實際控制之下，否則公民投票不需徵得其同意，
例如前章所述東帝汶人民自決是在印尼撤兵之後，
而薩爾區公民投票則是法國同意的結果。外蒙古更
是在事實獨立之後，經公民投票補一手續而已。

● 中共當局完全不了解台灣的前途不是民進黨或國民
黨，更不是陳水扁和李登輝所能決定的[169]。在一個

---

[168] 同上，頁 16。
[169] 見對李登輝言行的批評，同上，頁 12-13。

開放的多元化社會，決定全體居民前途命運的大
事，最終一定要取決於選民投票的結果。台灣分離
主義有其歷史原因，但更重要的是「一國兩制」究
竟能為廣大台灣民眾帶來什麼具體的切身利益。另
外在共產黨一黨專政下言而無信的負面歷史形象
（見第一章第四節）及目前片面追求經濟成長下的
貧富不均[170]和官僚政治制度，能對台灣人民產生多
大向心力，也都是大問題。今天台灣人民去大陸非
常方便，不能說是對大陸的情況沒有切身經歷的了
解。2000年台灣總統直選民進黨得票約500萬張，
我們沒有理由假定這幾百萬選民對民進黨的台獨黨
綱一無所知，因此如果認為傾向於分離主義者僅是
「極少數」（國台辦1993年「台灣問題與中國的統
一」白皮書第四節），是不嚴肅的說法。民進黨

---

[170] 目前大陸居民收入基尼係數高達 0,458，已超過 0.4 的警戒線，前 20% 與
後 20% 家庭收入差距為 9,6:1，此兩項數據均超過國際標準甚多；詳見王
信賢，〈大陸社會失衡與政權穩定〉，載《中央日報》2002 年 10 月 2 日網
路版。1982 年中共在憲法序言中仍宣稱堅持走社會主義道路，但這與憲
法的實際情況（Verfassungswirklichkeit）相距實在很遠，也不合中國傳
統「不患寡而患不均」（論語季氏）的政治哲學。

（直選得票率39,3%）保持現狀的漸進台獨及國民
黨（23,1%）和親民黨（36,84%）的維持現狀最後
統一，三黨票數加起來間接表達的民意是希望享有
和平占有現狀的台灣選民竟然佔99,24%，可見真
正的政治極端份子在台灣都沒有市場。

● 中共當局還有一個中國五千年歷史文化形成的民族
意識作為中國必須統一的理由[171]。如果這只是古代
帝王「溥天之下，莫非王土；率土之濱，莫非王
臣」（《詩經‧小雅‧北山》）的大一統思想，則
在二十一世紀的今天應該明確的講清楚民族意識的
內涵是什麼，這與台灣人民的福利有什麼密切關
係。泰誓中有「民之所欲，天必從之」的話，台灣
人民以選票表達的「欲」是否可以完全置之不理？
如果台灣在1950年韓戰爆發前就已「解放」，則目

---

[171]《國台辦 2000 年白皮書》，前引註 54，頁 23。民族意識是否等同民族主義
可以存疑，但一部 1840 年鴉片戰爭以來中華民族屈辱的近代史，很容易為
當政者別有用心地利用作為煽動民族主義情緒以鞏固本身權位的借口（例
如清末慈禧曾一度想利用義和團「扶清滅洋」），這尤其是當一個政權本身
的合法性受到廣大人民質疑的時候。第一次世界大戰後如果沒有凡爾賽體
系對德國民族的壓迫，很難想像 1930 年代德國納粹黨能建立其獨裁政權。

前情況可能與海南島相似，台商完全沒有能力如白
皮書中所說在大陸投資超過440億美元[172]。

● 白皮書中非常有意思的一句話是「在兩岸實現統一
後，台灣同胞更能夠與全國各族人民一道充分共享
中華人民共和國在國際上的尊嚴與榮譽」[173]。就算
將來事情真能如此，但至少目前在西歐北美持中共
護照的普通華僑，除少數楚才晉用的高級知識份子
之外，經常受到的卻是近似「經濟難民」的待遇，
恐怕是既感不到尊嚴也沒有任何榮譽可言；歐盟對
中國非法移民的關注[174]，大概也不是台灣人民願意
分享的「光榮」。

● 最後，台灣民主國在1895年雖然只存在了半年，其
是否具有完全的「國家」性質可以有爭議，但卻
不應抹煞史實稱「歷史上台灣從未曾成為一個國
家」[175]。

---

[172] 同上，頁 10。
[173] 同上，頁 22。
[174] The EU's External Relations: Building a Comprehensive Partnership with China (A.3 Addressing Global Issues), Brussels, 25.3.1998.
[175]《國台辦 2000 年白皮書》，前引註 54，頁 16。

兩德模式

　　2000年白皮書中有專節闡述兩德模式不能用於解決台灣問題，認為戰後德國分裂和兩岸暫時分離有三點不同[176]，但卻不是沒有討論的餘地。

（1）德國問題是因為二戰戰敗被分裂為兩個國家，而台灣則是中國因內戰遺留下來的內政問題。

　　　　這論點忽視了中國內戰的原因是主義信仰和意識形態以及「政治、經濟、社會制度與生活方式之爭」[177]。照大陸國際法學者周鯁生的話說，中共在1949年後在階級本質上已成了另一類型的國家（見本文第二章第三節），兩岸的裂痕遠較以外力強加於兩德人民的為深。這從中共建國初年對階級敵人的鎮壓以及國民政府遷台初期對「匪諜」的處置，與兩德之間按刑

---

[176] 同上，頁 16-17。
[177]《台海兩岸關係說明書》，前引註 163，頁 17。

法互相處罰叛國間諜罪相比[178]，真有天壤之別。

（2）德國分裂為二戰後一系列國際條約所規定，而台灣問題則按《開羅宣言》及《波茨坦公告》等國際條約歸還中國的規定。

問題的複雜性在於《開羅宣言》明確規定台灣歸還「中華民國」（不只是中國），而中華民國的法統仍存在於台灣，這不是單方面的主張就可以消滅的。

（3）在冷戰背景之下，兩德分別駐有外國軍隊，被迫相互承認和在國際社會並存。

這個論點正好說明一旦蘇聯宣告不介入內爭，在東德人民與西德合併的強烈願望下，兩德迅即統一。與之相反，1979年中共與美建交

---

[178] 西德刑法第 81 條第一款對內亂叛逆罪（以暴力改變憲政體制，侵害國家主權及分裂國家）得處無期徒刑或十年以上有期徒刑，第 96 條第一款外患叛國間諜罪得處一至十年有期徒刑。東德刑法第 96 條對內亂罪，第 97 及 110 條對外患罪只有在情節特別嚴重的情況下才能判處死刑。中共 1951 年公佈的「懲治反革命條例」所列 11 項罪名均可處死刑，甚至包括反革命宣傳及偷越國境罪在內，見《中央人民政府法令彙編》，前引註 87，卷二，頁 3-6。

後，台灣已沒有美國駐軍，但台灣人民通過自由普選以選票表達的願望卻是希望維持兩岸分治現狀。

兩德分裂與兩岸分治的產生背景固然不一樣，但對兩岸關係的定位是否全無參考價值呢？尤其是西德人民堅持在未來統一的「大屋頂」之下，與東德逐步走向合併的進程是可以引為借鑒的。

1949年美英法三國占領區組成的德意志聯邦共和國（西德）及蘇聯占領區組成的德意志民主共和國（東德）相繼成立。兩德之間的聯繫可分為四階段[179]：

● 1949-1963年西德艾德諾（Adenauer）總理的無關係階段；

● 1963-1969年謹慎的重新定位階段；

● 1969-1982年開創新的德國與東方政策階段；

● 1982-1989年積極增強兩德關係的階段。

受當時國際大格局的影響，兩德從開始就各自整合到東西雙方冷戰的對立壁壘之中。根據西方三戰勝國與西德

---

[179] Weidenfeld/Korte (Hrsg.), Handbuch zur deutschen Einheit, Bundeszentrale f. politische Bildung, Bonn 1996, S. 178.

1954年10月23日在巴黎簽訂的德國條約,英美法三國保留
對柏林及全德,包括德國重新統一和處理對德和約等事項
所承擔的權利及責任。在此之前,三國並確認只有合法自
由組成的聯邦德國政府才有權代表德國人民在國際事務上
發言[180]。

　　1955年西德政府的「哈爾斯坦主義」(Hallstein
Doctrine)主張只有西德在國際法上才能代表整個德國,
除蘇聯外不與任何與東德有邦交的國家建立外交關係。
1969年在新的德國政策指導下,西德宣告放棄哈爾斯坦主
義[181]。

　　1972年12月21日兩德之間簽訂了調整彼此之間基本
關係的條約(包括附屬的議定書、聲明、換文及換函
等),第一次從尊重德國的分裂現實出發,承認東德的國
家資格,但是兩德之間不是國內與國外的關係,而是特殊
的國與國之間的關係[182]—這恐怕是李登輝「兩國論」的原
始版本。這個條約有以下幾個特點:

---

[180] Ibid., pp. 227 and 232.

[181] Ibid., pp. 181-182.

[182] 參見西德 Brandt 總理 1969 年 10 月 28 日的政府聲明,ibid., p.384.

- 按西德的說法，這只是一個「臨時協定」（modus vivendi），並不表示德國問題的最終解決[183]。

- 西德僅給予東德低於國際法上的承認，雙方互設常駐代表處而不是大使館。東德常駐代表在西德的接受單位是總理府，而不是外交部。條約批准後不交換正式批准書，而是採換文形式[184]。

- 按西德聯邦憲法法院的解釋，兩德之間的條約具有雙重性質，形式上是國際法上的條約，但在特別的內容方面則是在全德框架中調整自我之間關係（Inter-se-Beziehungen）的協議[185]。

- 兩德之間的商業來往不屬於外貿範圍[186]。

- 西德承認包括具有東德國籍的德國人為其國民；東

---

[183] Ibid., pp.364, 368-369.

[184] Ibid., pp.368 and 375.

[185] Ibid., p.368. 德國聯邦憲法法院 1973 年 7 月 31 日判決書全文見 Neue Juristische Wochenschrift, 1973, S. 1539-1545,其中稱東德是國際法意義上的國家所以也是國際法的主體，但這並不影響西德在國際法上承認東德的立場。西德從來未表明承認東德，而且相反地曾多次明確拒絕這種承認，此與前引《蒙特維多公約》第三條是相符的；參見 Ipsen, supra, note 68, p.239.

[186] Weidenfeld/Korte, supra, note 179, p.368.

德人民可隨時進入西德，取得西德護照並在國外享
受領事保護[187]。

● 依兩德基本關係條約第四條規定，雙方在國際上不
　代表另一方，或在他方名義下行事。

1972年的基本關係條約西德做出了重大讓步，其主要
目的是換取東德承諾解決兩德人民之間相互往來的人道主
義問題以及達成其他務實的安排，以後事實證明這種經常
性的接觸維繫了兩德人民休戚與共的民族感，為統一起了
關鍵性的作用。

1989/90年東德經由和平革命走向統一是國際及國內
多種主客觀條件交互影響的結果，例如華沙公約國1989年
7月正式放棄了勃列日涅夫1968年主張的社會主義國家有
限主權說，消除了蘇聯干涉東德內政的借口[188]。

1989年11月9日柏林圍牆缺口打開之後，次年3月18日
東德舉行了第一次自由的議會選舉，授權與西德談判合

---

[187] Ibid., p.640. 見西德政府在條約簽字時遞交東德政府「關於德國統一的函
件」中所堅持的立場。另外西德並承認按東德法律取得東德國籍的外國人
為德國公民，見 Ipsen, supra, note 68, p.238.

[188] Lehmann, Hans G., Deutschland-Chronik 1945 bis 2000,
Bundeszentrale f. politische Bildung, Bonn 2000, S. 359.

併問題。1990年8月31日簽訂了關於德國統一的條約，完成了國內手續。9月12日的二加四（兩德及美、英、法、蘇）條約，結束了45年兩德分裂的局面，恢復了德國的完整主權。1990年十月三日兩德終告統一。

兩德統一對兩岸關係有以下幾點可資借鑒：

● 東德人民是先自由選出議會，由議會修改憲法，然後按西德基本法第23條規定，投票加入西德（294票贊成，62票反對，7票棄權）[189]。由此可見公民直接投票不是唯一決定領土歸屬的法律途徑。

● 決定東德併入西德是東德居民間接行使自決權的結果，西德居民並不因「主權屬於一個國家的全體人民」[190]而必須參與投票。

● 民意不可侮，正如毛澤東說的「人民，只有人民才是創造世界歷史的動力」[191]。既然歷史是人民創造的，歷史上疆界的變遷推移也應該是人民作為動力的結果。東德人民衝破東西陣營的樊籬，和平革命

---

[189] Ibid., p.413.
[190] 《國台辦 2000 年白皮書》，前引註 54，頁 16。
[191] 《毛澤東選集》，前引註 150，卷三，頁 1031。

為我們上了最新的一課。

● 從歷史事實出發，在不損害東西德對一些基本原則有不同觀點的情況下，東西德雙方在1972年基本關係條約中作了一些權宜和務實的安排，以處理實際的和人道方面的問題。在國際社會中兩德均具有完全的國際人格，且都是聯合國的一員，但其相互關係中，東德僅享有西德給予次於國際法上的承認。

兩德統一的過程給我們最大的啟示是兩岸應該盡力找出一個以全體人民福祉為重，擱置主權爭議，解決實際問題的「現實政策（Realpolitik）」。

中華邦聯

為解決兩岸主權爭議，台灣有人主張採取邦聯制[192]，在一中屋頂下維持目前兩個政治實體的分治現狀，逐步走上統一之途。

邦聯一詞在國際法上有其定義，是完全主權國家為著

---

[192] 2002 年 6 月 8 日《中央日報》網路版陳力生文。

維持他們對內和對外獨立的目的，依據國際條約而聯合成為一個具有自己機關的聯合體[193]。組成邦聯的各國依然保持其作為國家的國際法主體資格，各成員國之間的關係是國際法上的關係，而且其國民各自保有其本國國籍。邦聯的法律規範僅對成員國有拘束力，個人只是以自己所屬國家的法律秩序為媒介而間接受其影響[194]。

　　歷史上表明，邦聯不是一個令人滿意的組織。近代三個重要邦聯，即美國（1778-1787），德國（1815-1866）及瑞士（1815-1848）均已先後改為聯邦制[195]。

　　2002年8月陳水扁的八三談話，提出來「一邊一國」及「兩岸對等主權說」[196]均可納入中華邦聯的設想中，但卻與中共「一國兩制」的主權不可分割，中央政府在北京和台灣只是特別行政區的地方政府等內容格格不入，因此目前不能一廂情願地希望大陸當局認真考慮邦聯作為中國統一的可能形式之一。

---

[193]《奧本海國際法》，前引註 59，頁 135。

[194]《國際法辭典》，前引註 110，頁 247。

[195]《奧本海國際法》，前引註 59，頁 136。

[196] 參見陳建仲，〈正視一邊一國論的效應〉，載《中央日報》2002 年 8 月 22 日網路版。

二 美國的對華政策

美國的總統及議員都是美國人民選出來的，他們的外交政策當然首先是以美國的本身利益為考量，因此美國的對華政策及兩岸關係也必須從這個角度去考察。回顧一下上世紀三十年代以來的中美關係，完全可以證明這個基本論點。

1931年九一八事變日軍侵入瀋陽，次年一月初進攻錦州佔據全部東三省。1932年元月七日美國國務卿史汀生因之以照會通知中日雙方政府，稱「不擬承認凡因違反國聯盟約及1928年8月27日巴黎公約之義務所產生之任何情勢、條約或協定」，即國際法上習稱的「史汀生不承認主義」。此處提及的巴黎公約又名非戰公約，締約國達63個，包括日本及當時未加入國聯的美國在內；締約各方約定放棄戰爭，和平解決爭端[197]。其實史汀生照會的出發點是「凡中日兩國政府或其代表所訂之任何條約或協

---

[197]《國際法辭典》，前引註 110，頁 467-468。

定，足以損及美國或其人民在華條約上之權利……美國政府均無意承認」[198]，絕非對當時的國民政府有所厚愛。在史汀生發出照會的當天，美國國務院另外發表的一個備忘錄措辭更加露骨：「（1）我方對日本在滿洲的任何權利均無爭議，（2）我方不擬過問將來中日雙方達成任何和解的條件，（a）惟此項解決方案不得損害美國在華權利……」[199]。另外奧本海還認為史汀生照會不過是一個宣言而已，美國並不因之而承擔任何法律上有拘束性的將來不予承認的義務[200]。

1941年底太平洋戰爭爆發之前，中國抗戰已進入第五個年頭。從1937年至1941年間美國在「現購自運」法案下供給日本大批軍火，1938年美國輸日作戰物資竟占日本全部消耗額的92%[201]。同一時期，美國政府僅對重慶的國民政府總共借款一億七千萬美元，不但數目不大，而且利息

---

[198] Foreign Relations of the United States Diplomatic Papers 1932, US Government Printing Office, Washington 1948, Vol. 3, p. 8.

[199] Ibid., p.9

[200]《奧本海國際法》，前引註 59，頁 114。

[201] 劉大年，前引註 15，頁 150。

很高，例如指定以重要戰略物資鎢砂還本的鎢砂貸款，年利都在4%[202]。

　　1949年8月5日美國發表「中美關係白皮書」之後，杜魯門及其國務卿艾奇遜已經準備從台灣脫身[203]。1950年6月韓戰爆發改變了美國官方對台灣地位的看法，不僅派遣第七艦隊進駐台灣海峽，而且在1951年金山對日和約及1952年要求國民政府與日本簽訂的雙邊和約中規定，日本僅放棄台灣澎湖的一切權利、權利根據與要求，而不提將台澎歸還中國，為「台灣地位未定論」預留伏筆，而其主要目的是如果中共武力攻台將構成國際侵略行為，美國可以通過聯合國予以制裁[204]。1954年12月《台美共同防禦條約》簽訂後，美國就放棄了這論調。按該約第六條規定，

---

[202] 同上，頁152。1940年10月22日簽訂於華盛頓的鎢砂借款合約全文見《中外舊約章彙編》，前引註101，第三冊，頁1164-1167。目前世界銀行對華貸款已提取而尚未償還的信貸本金，借款人僅按0,75%的年率交付手續費。

[203] 《海峽風雲》，前引註9，頁176。1949年8月5日美國國務院發表《中美關係白皮書》，國務卿艾奇遜在序言中承認「中國內戰所造成的總結果係在美國政府控制能力範圍以外……，乃中國若干內部力量所造成，美國曾對該力量力謀予以左右而無成」。

[204] 丘宏達，《現代國際法問題》，前引註20，頁102。

「所有領土等詞就中華民國而言，應指台灣與澎湖」[205]，從此台灣地位未定論除台灣一些分離份子別有用心用以主張獨立建國的論據之外，國際上就再也沒有知音了。

1972年美國尼克森總統訪問北京，發表《上海公報》。1979年元旦中共及美國建立正式邦交，並對台灣國府斷交、廢約和撤軍，美國承認中華人民共和國是中國唯一合法的政府，台灣是中國的一部分，但將與台灣人民保持非官方關係[206]。三個月後美國又制訂了《台灣關係法》，承認台灣為一獨立的政治實體[207]。1982年中共與美國的《817公報》，除軍售外，也表示美國無意執行兩個中國或一中一台的政策，也就是不支持台灣獨立。美國目前的對華政策的基石是上海、建交及817三個公報和《台灣關係法》[208]，而其中心思想不外是一個中國政策及和平解決兩岸問題。

---

[205] 丘宏達，《現代國際法》（參考文件），前引註 16，頁 200。

[206] 同前引註 25。

[207] 同前引註 26。

[208] 張鴻增認為美國履行中美建交公報與執行台灣關係法是矛盾的，而且引用《維也納條約法公約》第 27 條規定，「當事國不得援引其國內法規定為理由而不履行條約」，前引註 81，頁 204。大陸另一法學家則認為聯合公

　　《上海公報》美國除表示它對由海峽兩邊中國人自己和平解決台灣問題的關心之外，並支持全世界各國人民（當然也包括台灣人民！）在沒有外來壓力和干預的情況下，取得個人自由和社會進步[209]。1982年的《817公報》在第5點中[210]，美方欣賞1979年元旦中共的「告台灣同胞書」及1981年9月30日的「葉九點」絕非偶然，因為在這兩份文件中都沒有提及「不承諾放棄使用武力」的字眼。

　　1999年7月台灣李登輝提出兩國論之後，美國柯林頓總統在同月21日的白宮記者招待會上宣布對華政策的三項支柱，即一個中國政策，兩岸對話及和平解決台灣問

報大多數不是條約，見李浩培，《條約法概論》，北京法律出版社 1988 年版，頁 32。西方國際法則認為用會議公報的方式將會議中所達成的協議包括在內的官方聲明，可以按這些協議所包含的明確行為規則的程度而認為對各該國具有法律拘束力，見《奧本海國際法》，前引註 59，上卷第二分冊，頁 307。中共與美國的 817 公報在售台武器問題上，美國是以中共和平解決台灣問題的政策為前提的（見公報第 5 點），但同時又承認中共關於徹底解決這一問題的一貫立場（第 6 點），卻未澄清究竟是否包括不承諾放棄使用武力在內，這些模糊矛盾的措辭很難證明 817 公報是有「明確行為規則」。另外 1958 年 10 月 25 日彭德懷「再告台灣同胞書」中稱「蔣（介石）杜（勒斯）會談文告不過是個公報，沒有法律效力，要擺脫是容易的」，見《海峽風雲》，前引註 9，頁 312。

[209] 《條約集》，第 19 集，頁 22-23。
[210] 原文見《中國國際法年刊》，1983 年卷，頁 599。

題，其後並增加一條兩岸問題之安排「必須能為台灣民眾接受」[211]。換句話說，美國認為與大陸合併必須為台灣人民同意，但如台灣公投獨立，則不在支持之列。由此看來，美國政府承認台灣人民只享有「有限的自決權」，這也反映了台灣當局所面臨不能操之在我的外交窘境。

　　以上是美國擺在檯面上的官方立場，但從更深的層次來看，中共與美國由於價值觀念和意識形態的不同（例如人權、民主、宗教及法治等概念）不可能形成如同美國與西歐國家間的親密關係。從務實的角度考慮，與13億人民的大國不發生關係是不可能的，但在另一方面中共永遠是美國在亞洲的潛在競爭者，因此有人說兩岸關係「分而不獨，和而不統」的狀態在目前階段恐怕最符合美國的國家利益。

　　如果情勢有變，唯一能有軍事力量遏阻中共武力侵台的只有美國。美國是否願意捲入台海戰爭，全視其本身利益而定。如果台灣對東北亞扮演的地緣政治角色逐漸過時，

---

[211] 陳錫蕃，〈美對華政策的回顧與前瞻〉，《中央日報》2002 年 7 月 15 日網路版。1989 年 7 月 19 日美國參議院曾通過 285 號修正案，主張「台灣前途應以一種和平的，不帶任何強制的，並且是台灣住民能接受的方式來決定」，見《海峽風雲》，前引註 9，頁 198。

島內經濟衰退，商業上對美國的重要性遠不及大陸時，美國屆時是否會插手兩岸軍事衝突，是非常有疑問的。

　　美國為了石油可以在1991年海灣戰爭中傾全力支持沙烏地阿拉伯王國這種近似中古式的政權[212]，如果台灣民眾認為美國在理想主義之下會無條件的以軍援保衛台灣人民來之不易的自由民主開放社會，政黨輪替，總統直選等，則未免失之天真。從1955年美國國會通過的《台海決議案》稱西太平洋島鏈包括台灣在內各島嶼，其由一友邦政府切實掌握，對於美國暨太平洋以其沿岸各友好國家之重大利益，確屬至要[213]，到1972年《上海公報》承諾從台灣撤出全部軍隊，無一不以美國本身的利益為依歸。

　　台灣人民只能自力更生自求多福，增加兩岸談判籌碼，意識到「能戰才能和」（si vis pacem, para bellum），而不僅是「有正義才有和平」（si vis pacem, para justitiam）。

---

[212] 沙烏地阿拉伯王國實行君主專制，國王集立法、司法、行政三權於一身，無議會及政黨。國王任命的政府以伊斯蘭沙里亞教法（Sharia）統治全國。1993 年起有由國王提名任期 4 年 90 人組成的協商委員會，但只是咨詢機構。1992 年公佈的 83 條政府基本法（Basic Law of Government）保障一些公民自由和私有財產權，但人民無參政權。
[213] 同前引註 23。

三　聯合國決議及國際法院咨詢意見

在台灣的中華民國既不是殖民地，也不是被外國占領的土地，而是一個具有國際人格的獨立政治實體，自決權的適用基本上不受聯合國決議的拘束。二次大戰後由於非殖民地運動的蓬勃發展，許多亞非國家根據民族自決原則取得了獨立，如第三章所述，自決權已成為國際法的重要原則之一。但值得注意的是人民自決權不是萬靈丹，對錯綜複雜的歷史背景演變而成的領土爭執常常是無能為力，以下是兩個著名的案例：

克什米爾的歸屬問題

克什米爾是查謨和克什米爾的簡稱，位於南亞次大陸北部山區，與中國西藏新疆毗連，面積約22萬平方公里，人口四分之三為回教徒，印度教徒約五分之一[214]。

---

[214]《國際時事辭典》，前引註 157，頁 291。

　　克什米爾原為一土邦，1947年關於印度和巴基斯坦分治的蒙巴頓方案對克什米爾的歸屬懸而未定，僅規定克什米爾可以自由加入印度或巴基斯坦或保持獨立。印度教徒的土邦主卻宣布加入印度，當即遭到大多數回教居民的強烈反對，印巴為此於1947年10月發生首次武裝衝突[215]。

　　1948年元月20日聯合國安理會決議成立印巴委員會（UN Commission for India and Pakistan）[216]，四月21日通過決議呼籲印巴雙方撤軍及舉行公民投票，對決議內容印巴均不滿意[217]。同年八月聯合國又通過停火、非軍事化、公民投票三階段解決克什米爾爭端的決議，對此印巴表示接受。次年劃定了停火線，印度占領克什米爾五分之三的地區，巴基斯坦控制區約為五分之二[218]。

　　從1953年以來，巴基斯坦一直主張按聯合國決議在克什米爾舉行公民投票，但卻擔心選舉程序是否真正能保證

---

[215] 同上。參見 Bertelsmann Universal Lexikon, Guetersloh 1993, Bd. 9, S. 216.

[216] Geiger, R., Die Kaschmirfrage im Lichte des Voelkerrechts, Berlin 1970, S.67.

[217] Ibid., pp.68/69.

[218] 同前引註 214。

表達當地人民的自由意願。印度政府卻一再食言，與中共當局在台灣問題的立場相似，認為其在克什米爾的合法地位是毋庸置疑的，不必經由公民投票來確認[219]。

1971年底印巴戰爭後，於次年7月兩國簽訂了《西姆拉協定》，同意遵守1971年12月17日在克什米爾和查謨因停火而形成的實際控制線[220]，但卻不免經常發生武裝衝突。在印巴兩國都擁有核子武器後，克什米爾問題作為南亞次大陸火藥庫的導火線依然存在，對國際的和平及安全造成極大的潛在威脅。

西撒哈拉問題

西撒哈拉位於非洲大陸西北部，面臨大西洋，與摩洛哥、阿爾及利亞和毛里塔尼亞接壤。面積26萬6千平方公里，目前人口約20萬，信仰回教。1885年起西班牙在西撒哈拉沿岸建立據點後不斷擴張，1901年起成為西班牙殖民

---

[219] Luard, E. (ed.), The International Regulation of Frontier Disputes, N.Y./ Washington 1970, p.91.
[220] 《國際時事辭典》，前引註 157，頁 231。

地，稱西屬撒哈拉，1958年成為西班牙的一省[221]。

摩洛哥及毛里塔尼亞根據西班牙殖民統治之前歷史上曾經占有該地為由，認為西屬撒哈拉為其固有領土之一部。西班牙、摩洛哥及毛里塔尼亞三方均同意西撒哈拉人民應行使自決權，但對實施自決的具體條件則無法達成一致的意見[222]。

1972年之前聯合國大會曾五次通過決議，要求實際統治國西班牙與摩洛哥和毛里塔尼亞及其他有關各方協商，在聯合國贊助下盡速決定公民投票的程序，以便該土地上的原始居民能自由行使其自決權[223]。值得注意是，聯大歷次決議中並未提及西撒哈拉的領土完整以及獨立的問題，理由可能是西撒哈拉屬於殖民地飛地（colonial enclaves，即甲國境內隸屬乙國的殖民地），而且人口稀

---

[221] Brockhaus Lexikon, Wiesbaden 1982, Bd. 20, S.55-56；《辭海》（國際分冊），上海辭書出版社 1981 年版，頁 20。

[222] Sureda, A.R., The Evolution of the Right of Self-Determination: A Study of United Nations Practice, Leiden 1973, p.212.

[223] Resolutions 2229(XXI), 2354-II(XXII), 2428(XXIII), 2591(XXIV) and 2711(XXV), ibid., p. 73.

少且大都為游牧民族，沒有獨立的條件[224]。

　　1976年西班牙不顧阿爾及利亞和撒哈拉獨立運動組織反對，將西撒哈拉交由摩洛哥及毛里塔尼亞共同統治，而阿爾及利亞則支持西撒哈拉獨立運動成立撒哈拉阿拉伯民主共和國[225]。1979年8月毛里塔尼亞撤軍後全境為摩洛哥所佔，並與撒哈拉獨立運動組織POLISARIO陣線展開游擊戰，1991年九月在聯合國監控下停火。

　　聯合國國際法院在西撒哈拉案的咨詢意見書中強調在自決問題上，應當注意「人民自由表達的真實意志」[226]，但卻無力對現狀有所改變。另外一般來說，按《聯合國憲章》第94條第2款規定，一造不履行依國際法院判決應負之義務時，他造得向安理會申訴。只有安理會認為有必要時，才作成建議或決定應採辦法，而咨詢意見則對聯合國會員國並無任何拘束力。

---

[224] Ibid., p.214. 國際法院 1975 年關於西撒哈拉案的咨詢意見書中有相同的看法，見 Pomerance, M., Self-Determination in Law and Practice: The New Doctrine in the United Nations, The Hague/Boston/London 1982, p.26.

[225] Brockhaus, supra, note 221, p.56.

[226] Pomerance, supra, note 224, p.25.

以上兩案證明人民自決權的行使，如遇大國阻擾或其他強國在不涉及切身利益的情況下不表關注，則一切均成具文。

四　歐盟各國及日本

歐盟各國對華政策在一個中國，承認中華人民共和國是中國唯一合法政府及尊重[227]或注意到[228]中國方面主張台灣是中國不可分割的一部分的大框架中，對兩岸關係主要是從經濟與貿易的角度來考慮的。

歐洲經濟共同體在1978年與中共簽訂了貿易協定，相互給予最惠國待遇之外，並建立中國與共同體貿易混合委員會，監督該協定的執行和研究在執行中可能出現的問題[229]。1985年中共與歐洲共同體又簽訂了新的貿易和經濟合作協定，擴大合作範圍，取代1978年的貿易協定[230]。

---

[227] 1972 年 5 月 16 日〈中共與荷蘭政府聯合公報〉，《條約集》，第 19 集，頁 24。

[228] 1972 年 6 月 5 日〈中共與希臘建立外交關係的聯合公報〉，同上，頁 18。

[229]《條約集》，第 25 集，頁 136-139。

[230]《條約集》，第 32 集，頁 416-422。

　　政治方面近來由於歐洲各國綠黨興起，尤其德國綠黨還參加主政，外交方面對保障基本人權、政治民主、宗教自由及世界和平等極為重視，這也反映到歐洲議會上不時發表有利於台灣的聲明。例如2002年四月通過「歐盟對中國策略的報告」的決議，其中首度提及台海兩岸問題的和平解決必須尊重台灣2300萬人民的意願，並肯定了台灣建立的民主制度以及堅持不能接受中共保留對台使用武力的權利[231]。

　　2002年九月歐洲議會又決議要求部長理事會及執委會將台灣納入歐亞論壇，並呼籲北京和台北展開政治對話，及撤除台海兩岸所有飛彈部署[232]。另一方面，在介紹歐盟與台灣關係的網頁上，僅稱台灣為中華台北，只承認台灣為獨立的關稅區而非主權國家，歐盟與台灣的關係只限在發展經濟與貿易上[233]。

---

[231] 湯紹成，〈歐盟兩岸政策整體利益導向〉，《中央日報》2002 年 8 月 19 日網路版。〈歐盟對華策略報告〉（英文版），歐盟中國關係網頁。

[232] 〈歐洲議會通過九項友我決議〉，《中央日報》2002 年 9 月 6 日網路版。

[233] The EU's Relations with Taiwan (Overview), Homepage of the Directorate General of External Relations, latest update: 6. 9. 2001. 與香港和澳門不同，台灣是單獨談判後加入 WTO 的，這證明中共所主張的國家主權並不及於台澎金馬。

　　由於歐盟各成員國外交政策不盡相同（例如最近的對伊拉克採取軍事行動問題上），加上地理位置鞭長莫及，對亞洲地區的政治爭端和軍事衝突通常只是以歐洲議會通過決議呼籲各方克制，不太可能採取任何實質性的措施。

　　日本戰後軍事上受美國保護，對華政策由於歷史原因及與台灣的特殊關係，在1972年中共和日本政府聯合聲明中，日本充分理解和尊重中國關於台灣是中華人民共和國不可分割的一部分的立場[234]，對這敏感問題不敢越雷池半步。除民間支持台灣獨立的不同組織鼓噪一時外，官方對兩岸關係一般均不介入，但同情台灣的卻大有人在。例如1982年4月日本大阪高等法院在撤銷光華寮一案的判決按國際法上「有效統治」的原則，稱台灣的國民政府「在國家性質的體制下現實地統治台灣及其周圍島嶼」，是「沒有被承認的事實上的政府」[235]。另外2002年5月日本也公開表明支持台灣加入世界衛生組織為觀察員[236]。

---

[234] 《條約集》，第 19 集，頁 7。

[235] 涂亞杰及王浩，《中國外交事例與國際法》，北京現代出版社 1989 年版，頁 28。

[236] 陳世昌，〈斷交 30 年台日經濟交流頻繁〉，《聯合報》2002 年 9 月 30 日網路版。

　　歐盟及日本在台灣問題上由於各自的處境，其最關心的就是發展與兩岸的經貿關係，尤其日本長期是大陸排名第一的外貿伙伴，更是如此。1996年台海飛彈危機發生後，歐洲議會及日本政府只是發表聲明或通過決議，希望兩岸和平對話解決問題，沒有採取任何有損與中共關係的具體行動，今後估計也不致於脫離這個框架。

結論

　　根據以上敘述，基本上可以歸納出以下的看法：

（一）台灣的歸入中國版圖是完全符合傳統國際法「無主
　　　地先占」的原則。

（二）國際法一般不承認人民有分離權，但憲法上有規定
　　　的以及經過特殊歷史背景演變形成的原因，人民要
　　　求自決的情形應屬例外。台灣自1895年以來與大陸
　　　不同的歷史發展軌跡形成的分治局面，確實給分離
　　　主義者提供了口實，並使台灣成為「問題」。

（三）兩岸隔閡主要是五十至八十年代中蔣氏父子的反共
　　　獨裁白色恐怖，以及大陸從1957年整風反右，十年
　　　文革直至1989年六四民運所造成的。尤其是後者，
　　　在一黨專政下仍然沒有制度上的制衡以保證這些悲
　　　劇不再重演。為了爭取台灣民心，中共當局應該遵

照周恩來生前「求其在我」的指示[237]，先提升大陸
一般人民的生活水準（而不是加大貧富差距），積
極促使民主法治走上正軌[238]，不急於追求統一。

（四）台灣國民黨及親民黨均堅持中華民國法統，保持
現狀，未來統一遵循《國統綱領》的三個階段。民
進黨《台灣前途決議文》認為台灣已是主權獨立國
家，任何有關獨立現狀的更動必須經由台灣住民以
公投方式決定。2000年台灣總統大選三黨得票總數
達99%以上，由此間接表達的民意證明台灣人民絕
大部分贊成維持目前分治現狀。

（五）根據現代國際法的原則，中華民國在台灣所具備的
國際人格並不因退出聯合國及與世界上大多數國
家斷絕邦交而不復存在。瑞士2002年才加入聯合

---

[237] 《海峽風雲》，前引註 9，頁 18。

[238] 中共本身也了解以言代法，以權壓法，執法犯法，徇私枉法情況的嚴重，
見〈國務院關於加強政府法制工作的決定〉，《新法規匯編》，1993 年卷，
第四輯，頁 199。貪污受賄以權謀私在西方法治國家雖然遠不及大陸普
遍，但也不能免；可是在三權分立，多黨制衡和言論自由的開放社會，
貫徹司法追訴的程度較中國大陸要好得太多。另外上海外商作為債權人
在贏得債務官司後，中國法院完全無力執行判決，見德國《明鏡（Der
Spiegel）》週刊，50/2002，頁 150。

國，而中華人民共和國成立十年之後，與之建立外
交關係的國家也僅32個，瑞士及中共當時均未因此
為國際社會認為不是主權獨立的國家。

（六）台灣與香港澳門不同，既不是殖民地，目前也不在
中共的有效統治之下，而是一個獨立自主的政治實
體，在國際法上台灣人民完全有權按照國內憲法
程序實行「內部自決」（人民依照自己的意志，
自由地決定自己政府的形式及制度）和「外部自
決」（有權選擇自己的政治信仰和決定自己在國際
上的地位）[239]。台灣人民通過普選選出立法委員以
及總統直選和政黨輪替，其實已享有並在實行自決
權。改變國號，修改憲法或與大陸合併這些有關台
灣人民前途命運的大事，理論上當然可以按憲政程
序經由公民投票的過程或其他方式完成[240]。

---

[239] Pomerance, M., The United States and Self-Determination: Perspectives
on the Wilsonian Conception, in: Am. J. of Int. Law, Vol. 70 (1976), p.17;
also see Pomerance, supra note 224, p.37.

[240] 照台灣島內學者的意見，有關修憲或變更國號等大事應採高規格的程序，
按憲法 174 條第二款由四分之一立委提議，四分之三立委出席，出席的四
分之三立委通過修正案，再送國民大會複決。

（七）由於台灣與大陸的歷史背景，台灣人民公投的結果不得不顧及中共的反應，而其中最可能的就是中共將以武力統一。按西方國際法學者一致的見解，由於內戰結果交戰雙方各占有一部分領土及對其上人民進行有效統治達半個多世紀，這種凝固了的分治現狀已不是內政問題。如果內戰的一方對另一方挑起戰端，則應適用《聯合國憲章》第二條第四款不得使用威脅及武力的規定，這也就是基於事實規範力產生的「保持和平占有現狀」的原則。破壞和平現狀意味著侵略，也就是違反國際法。

（八）國際法上不得使用武力的原則固然有強制性質（例如《聯合國憲章》第七章對於和平之威脅，和平之破壞及侵略行為之應付方法），但國際法除部分條約法之外與國內法不同，到底不是強行法[241]。萬一中共在台海動武，唯一能予遏阻的只有美國的

---

[241] 例如 1969 年《維也納條約法公約》第 53 條「條約在締結時與一般國際法強制規律牴觸者無效」，但除了《聯合國憲章》的原則對國際社會的一切成員都有（至少是道義上的）拘束力外，其它國際法原則是否有強行法的性質則是眾說紛紜；參見李浩培，前引註 208，頁 294-297。

軍事介入，但美國基於本身利益並不希望改變台灣現狀，而且美國的外交實踐並不一定遵循國際法的原則行事[242]。囿於國際現實不貽中共以動武的借口，台灣人民實際上只能自制（陳水扁的四不一沒有），行使有限的自決權。

（九）迄今為止，國際社會通過自決權改變領土歸屬的實踐其主體都是當地全體居民，而並不包括宗主國或占領國的全體人民在內，這與現代國際法上的有關理論是一致的。國台辦2000年白皮書中認為台灣公投基於主權在民，而民則應包括大陸十三億人民在內，這是故意忽視五十多年來兩岸分治現狀的說法。另外實際統治國的同意和聯合國及國際強權

---

[242] 最有名的案例是 1986 年 6 月 27 日國際法院關於「美國侵犯尼加拉瓜的軍事行動案」的判決，認為美國對尼加拉瓜採取的軍事行動和準軍事行動以及支持、裝備尼加拉瓜反政府武裝的行動，已構成非法使用武力及武力威脅，干涉別國內政侵犯尼加拉瓜主權。詳見彭小華對本案的敘述，載《中國國際法年刊》，1987 年卷，頁 402-417。美國麻省理工學院教授 Chomsky 曾批評在國際法院管轄權的問題上，美國不接受任何基本上涉及美國國內管轄範圍內有關爭執的強制管轄權，而這「國內事項」卻是對尼加拉瓜採取的軍事行動，見 Chomsky, N., Profit over People: Neoliberalism and Global Order, New York/Toronto/London 1999, p.75.

的關注和壓力，通常也是和平行使自決權的前提
之一。

（十）兩岸關係的定位說到底是一個政治意願的問題，並
不能僅從法律觀點來加以考慮，而其互不妥協的癥
結又是兩岸缺乏互信的結果。中共一方面「寄希望
於台灣人民」[243]，但又害怕台灣人民「公投自決」
走向獨立，而台灣方面對大陸目前遠遠落後於島
內民主進程的一黨專政的政治制度也沒有好感。
中共認為已經享有和行使對台灣的主權，而台灣
實行的1947年《中華民國憲法》法統理論上包含整
個大陸。其實就分治現實來說，兩者都是「明知不
符事實習慣上仍採用的假設」（fiction）[244]。中共
當局希望以「現在進行式」快步促成一國兩制，而
台灣執政的民進黨則打算在維持現狀的基礎上漸進
台獨。在這種局面下雙方必須具有基於兩岸人民根
本利益，擱置主權爭議（目前在中共設置的前提

---

[243] 見 1979 年元旦《全國人大常委會告台灣同胞書》及江澤民在中共十六大
政治工作報告中有關台灣部份。
[244] 《新英漢詞典》，增補本，上海譯文出版社 1986 年版，頁 456。

下，無從談起），高瞻遠矚地考慮問題的政治胸襟。有一點是很明確的，在兩岸統一之前，中華民國法統依然存在的情況下，兩岸不可能是中共國內法上的關係。

（十一）對中共方面來說，不能為統一而統一，應該講清楚民族大義到底能為最大多數台灣民眾帶來什麼最大的切身利益？台灣來之不易的民主為什麼必需要由北京的中央人民政府背書不可？台灣人民以選票表達的民意為什麼會把台灣引向災難？歷史告訴我們，1932年11月希特勒執政前的最後一次自由選舉，德國納粹黨得票率僅33,1%，次年送希特勒上台的是政客、財閥、地主和參謀本部將軍們鉤心鬥角互相妥協的結果[245]。人民的眼睛到底是雪亮的。

---

[245] Niedhart, G., Deutsche Geschichte 1918-1933: Politik in der Weimarer Republik und der Sieg der Rechten, Stuttgart/Berlin/Koeln 1994, S. 141-142. 當時德國政客們以為能對希特勒上台後的權力加以制衡，因為在魏瑪共和國時期大多數德國民眾並不贊成過份的種族主義思想和備戰擴張的政策，但同時也厭惡爭權奪利夸夸其談的民主共和主義者及反民主的左派。

（十二）一國兩制的構想基本上可以成為台灣人民的選項
　　　　之一，但是中共當局必須反躬自問，為什麼在兩
　　　　岸來往頻繁的今天，大多數台灣人民仍然對大陸
　　　　政權沒有向心力，為什麼台灣民眾對中共許諾的
　　　　「高度自治」不感興趣。中共當局對台灣開放社
　　　　會的民主運作及民意形成的過程應有正確深入的
　　　　了解，否則隔靴搔癢永遠影響不了台灣人民以選
　　　　票表達的民意[246]。

（十三）在兩岸相持的局面下，西德政府1972年寬宏大
　　　　量與東德簽訂的基本關係條約很有參考借鑒價
　　　　值。西德在承認實際存在的兩個互不隸屬的主權
　　　　國家的基礎上，使雙方關係正常化，事後證明反
　　　　而加速了兩德的統一。在權宜務實的安排下，西
　　　　德在主權問題上做出了巨大的讓步，真正以人民
　　　　利益為重，解決實際問題。兩岸應可比照當年兩

---

[246] 例如《海峽風雲》，前引註 9，頁 303 中竟然稱「台灣地區新領導人（陳
　　水扁）之所以能夠當選，最主要的原因是李登輝搞兩國論不得人心」。該
　　書為汪道涵提寫書名，原中共中央對台工作領導小組副主任羅青長作序，
　　國台辦主任陳雲林為總顧問，非同一般。

德之間建立次於國際法上的的關係，或達成準國
際法上的臨時協定。

（十四）冷戰以後美國是世界上唯一的超級大國，聯合國
決議或國際法院判決的執行，多少要看美國的態
度行事。尤其是在維持和平的問題上，沒有美國
的積極參與，爭端通常不易平息，南斯拉夫巴爾
幹內戰以及中東以色列和巴勒斯坦衝突都是實
例。萬一爆發台海戰事，美國也是台灣唯一的支
柱。日本及歐盟各國的背景實力和政治利益雖然
不盡相同，但在純經貿導向下，如兩岸發生軍事
衝突，可以預見屆時最多只能在道義上發表聲
明，議會通過決議呼籲一番而已。

結論

附錄

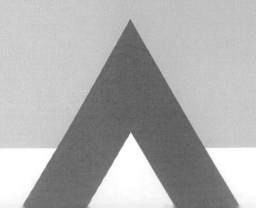

中國在西藏有主權嗎？

中國在國際上有三根經常被揪的小辮子：台灣、西藏及1989年天安門學運，有人稱之為3T（Taiwan, Tibet and Tian-An-Men）。台灣問題主要是中、美之間的糾葛，而西藏的宗教自由則是西方各國普遍關注的對象。西藏問題的癥結在於中共一黨專政的基本意識形態，不容許任何個人、宗教和團體享有可能與之抗衡的權威，當然更不能容忍有政教合一傳統的藏人尊崇達賴。除此之外還有其他複雜因素，如文革時期對寺廟的破壞餘悸猶存，開放後大批漢人入藏淘金（例如濫伐原始森林），經營小商販與藏民爭利，大陸遊客不尊重藏人的宗教信仰（例如輕佻玩弄寺廟轉經筒等），引起藏人極大的反感。

解決西藏這個老大難的問題，達賴要求真正的文化宗教上的自主權，並不主張從中國分裂出去。就算中共中央真能接受這種安排，但具體落實卻依然困難重重。中共認

為「西藏自治，只能是中國內政」，但首先自治必須名副其實。1949年以後中共對少數民族地區的自治，大多是在共產黨漢人操縱下的「自治」，少數民族的頭面人物扮演的不過是當年傅作義水利部長的花瓶角色而已。1955年《國務院關於成立西藏自治區籌備委員會的決定》中規定，甚至任用一位副處長都需報國務院批准，其他更不必說了。其次，按大陸國際法學者承認的觀點，影響世界和平及區域穩定的事件不是內政問題。如果西藏有一天果真發展到九十年代巴爾幹半島或是近年來敘利亞的情勢，還能說是「內政問題」嗎？

1959年4月24日《人民日報》及同年5月6日《光明日報》相繼發表了兩篇文章論證西藏是中國的一部分，其中觀點不乏可商榷之處。最根本的問題是歷史上西藏是中國的藩屬還是行省？換句話說，中國在西藏享有的是主權還是宗主權？大陸學者長篇累牘以各種歷史文獻證明，當時英、俄兩強權都直接間接承認中國在西藏擁有主權，其實這和中國在西藏歷史上是否實際行使過國際法上的主權，是兩個不同的命題。

宗主權按《奧本海際法》教科書的說法，是宗主國擁

有對附庸國的權利。附庸國在國際上由宗主國代表，附庸國由於它的內部獨立是一種半主權國家，而且它被認為是宗主國的一部分，因此宗主國所訂的一切國際條約就當然也是替附庸國訂的。一般來說，宗主國對附庸國的行動擔負責任。

西藏十三世紀歸入元朝版圖，元世祖把西藏地方交給薩迦法王統治，這是西藏政教合一制度的開端。元朝的駐藏宣慰使還協助藏王治理西藏政務，但到了明代，藏王除由明朝皇帝冊封外，並無漢人直接參與治理日常政事的證據。清代由順治帝開始冊封達賴為西藏政教合一的新統治者，這種傳統一直繼續到民國時期的1940年代。

清代中央官制設有理藩院，管理蒙藏新疆少數民族事務，是國民政府蒙藏委員會的前身。藩者，藩屬也，而且1861年總理各國事務衙門成立前理藩院還兼辦對俄外交，顯然蒙藏不是內地行省，而且駐藏大臣也沒有證據說明其權限與總督巡撫相當。1876年《煙台條約》、1886年關於緬甸的協議以及1890年的《藏印條約》中，關於外人進出西藏的手續護照經過駐藏大臣辦事處的規定，正是宗主國的權利，而不一定是行使主權的表現。

　　上述《奧本海際法》中有大量關於宗主權的案例，但並沒有提及西藏。大陸可以認為宗主權是帝國主義國際法，但卻絕不是「杜撰出來破壞中國無可爭辯的主權」。除此之外，法律是否可以只選擇對自身有利的條款而不考慮其他？

　　另外還想提及的一點是中國的鄰邦越南，唐朝時屬安南都護府，後一度獨立受南宋皇朝冊封為安南國王。明成祖時曾成為交趾省，後再度獨立，但一直是中國的屬國。1881年中法戰爭中李鴻章向法國聲明，「越南屬中國已久，貴國如欲吞滅，中國斷不能置之不理」，但三年之後卻淪為法國的保護國。如果沒有法國殖民主義的這段插曲，越南豈不可按西藏模式統一一番？

　　1954年中共第一部憲法頒佈前，作為根本大法的1949年《政協綱領》中明確規定，對國民黨政府與外國所簽的一切條約協定，按其內容分別予以承認、或廢除、或修改、或重訂。但在外蒙獨立問題上卻選擇了在中央人民政府成立之後的半個月之內，迫不及待地與蒙古人民共和國建立了外交關係。形勢比人強，重溫這段歷史，可給大陸沙文主義憤青一副清涼劑。

　　1950年後中共在西藏確實做了一些好事，改善了藏民的生活，廢除了連達賴也不贊成的農奴制度。但為了保存西藏這人類獨特的文化宗教遺產，我認為中共應該借箸代籌，而不是越俎代庖，寬宏大量地讓西藏回復到以前藩屬的地位。

　　在材料極有限的情況下寫成本篇短文，只是想提供一個新的角度看問題，這遠較人云亦云囫圇吞棗為好。

老保釣的新觀點

　　前一陣在老同學電郵通訊網內又有人提起中日釣魚台糾紛，我作為從1971年起就在歐洲積極參與保釣運動的一份子重談這老事，真有點像「白頭宮女話當年」，回首往昔不勝唏噓。當年年輕氣盛，熱血澎拜，總覺得又是日本人不講道理欺負我們。但是時間過去了幾十年，心平氣和冷靜思考之後，發現很多不是我們想當然的事。

　　釣魚台列嶼的歸屬中方的論據主要認為根據1895年中日《馬關條約》，釣魚台連同台灣一併割讓給日本，1945年日本在二次世界大戰戰敗後作為台灣的附屬島嶼理應交還中國。但1895年6月2日簽訂的中日《交接台灣文據》中規定，台灣全島、澎湖列島及附近海域（東經119度至120度，北緯23度至24度）以及所有附屬各島嶼均讓予日本。釣魚台位於東經123度28分，北緯25度44分，顯然不在明文規定的割讓範圍之中。《交接台灣文據》中另外提

及附屬各島嶼上所有堡壘、軍器工廠及屬公物件按清單均應交予日方,但其中也未明列釣魚台,間接支持了日方根據國際法上無人島先占的主張。遠在1896年就有日本實業家向日本政府免費租借釣魚台,並在其上建立了魚肉加工廠及簡易碼頭,島上常住人員曾達247人之多。1940年因經營困難結束營運後,島上的居民搬離一空。1952年4月《舊金山和約》正式生效後,釣魚台依照合約第三條改為琉球政府進行管理。1969年琉球政府在釣魚台上為船難者建立紀念碑,1970年7月又在釣魚台黃尾嶼、赤尾嶼、北小島及南小島架設禁止登陸的警告牌(資料來源:《維基百科》釣魚台條)。

　　1945年第二次世界大戰結束直至1970年的25年間,台灣和大陸對釣魚台列嶼不聞不問。1969年5月聯合國亞太經濟社會委員會經過探測後,認為釣魚台附近島嶼擁有可觀的石油和天然氣儲存量,這才引起台灣和大陸的重視。中國政府正式提到釣魚台是在1970年12月4日《人民日報》第五版的一篇文章中,台灣方面則是1971年6月11日發表的外交部對釣魚台問題的嚴正聲明,但是為時已晚,中方顯然已處在不利的地位。

　　國際法上有一件相似的案例，那就是有名的美國、荷蘭關於帕爾馬斯島（Island of Palmas）的仲裁案。1906年美國發現在菲律賓以南的小島帕爾馬斯懸掛荷蘭國旗，但該島坐落在1898年美國、西班牙條約所定關於割讓菲律賓群島的疆界20海哩之內，於是美荷開始交涉，並於1925年協議提交國際常設仲裁法院仲裁。單獨仲裁人著名的瑞士公法學家胡伯（Max Huber）在1928年的仲裁書中認為，該島雖是西班牙所發現，但這只是一種原始權利，但原始權利卻絕不能勝過由於主權的繼續而和平的表現所建立的確定權利，判定荷蘭勝訴。同樣地，釣魚台歷史上雖為中國人發現，但日本卻有實際的，非名義上的佔有，並曾行使獨有的權利。直至1970年日本通過不同的主權行為施行佔有，確定其國際法上的權利，而中方僅僅發現而已，自無對抗之理。

　　回顧當年保釣運動，我們必須承認有兩大誤區：

　　首先，我們把發現釣魚台的原始權利誤認為確定權利，一開始就在中外古文獻及大量的古地圖中尋找釣魚台屬於中國的證據，而不是證明中國對釣魚台確實有持續及和平行使主權的佔有事實。記得我在1971年暑假受丘宏達

教授委託，赴英國倫敦大英博物館檢視館藏古地圖並均攝
影複製，作為對日交涉資料，現在看來這努力是徒勞的。

其次，中國人的心態是日本在歷史上一直扮演侵略者
的角色，只要中日有任何利益上的衝突，中國人都認為日
本應無條件的讓步，以愧疚的心情處理爭執。這與外人的
思路完全不同，他們認為「一票歸一票」，實事求是解決
問題。

如果領土爭端、經濟利益加上民族情感混雜一起，矛
盾肯定無解。中國作為泱泱大國把國際法原則作為下台
階，從長遠來看未必不是一件好事，連善戰的古羅馬人
都懂得「和平比無數勝利還有價值」（Pax una triumphis
innumeris potior）。

新‧座標24　PF0215

新鋭文創
INDEPENDENT & UNIQUE

從國際法看台灣人民的
自決權

作　　者	劉滌宏
責任編輯	洪仕翰
圖文排版	楊家齊
封面設計	葉力安

出版策劃	新鋭文創
發 行 人	宋政坤
法律顧問	毛國樑　律師
製作發行	秀威資訊科技股份有限公司
	114 台北市內湖區瑞光路76巷65號1樓
	電話：+886-2-2796-3638　傳真：+886-2-2796-1377
	服務信箱：service@showwe.com.tw
	http://www.showwe.com.tw
郵政劃撥	19563868　戶名：秀威資訊科技股份有限公司
展售門市	國家書店【松江門市】
	104 台北市中山區松江路209號1樓
	電話：+886-2-2518-0207　傳真：+886-2-2518-0778
網路訂購	秀威網路書店：http://store.showwe.tw
	國家網路書店：http://www.govbooks.com.tw

| 出版日期 | 2018年1月　BOD一版 |
| 定　　價 | 220元 |

國家圖書館出版品預行編目

從國際法看台灣人民的自決權 / 劉滌宏著. -- 一
版. -- 臺北市：新銳文創, 2018.01
  面； 公分. -- (新.座標；24)
BOD版
ISBN 978-986-95452-8-0(平裝)

1. 國際法 2. 論述分析 3. 文集

579.07   106022220

讀者回函卡

感謝您購買本書，為提升服務品質，請填妥以下資料，將讀者回函卡直接寄回或傳真本公司，收到您的寶貴意見後，我們會收藏記錄及檢討，謝謝！

如您需要了解本公司最新出版書目、購書優惠或企劃活動，歡迎您上網查詢或下載相關資料：http:// www.showwe.com.tw

您購買的書名：＿＿＿＿＿＿＿＿＿＿＿＿＿＿＿＿＿＿＿＿＿＿＿＿

出生日期：＿＿＿＿＿年＿＿＿＿＿月＿＿＿＿＿日

學歷：□高中 (含) 以下　　□大專　　□研究所 (含) 以上

職業：□製造業　□金融業　□資訊業　□軍警　□傳播業　□自由業
　　　□服務業　□公務員　□教職　　□學生　□家管　　□其它＿＿＿

購書地點：□網路書店　□實體書店　□書展　□郵購　□贈閱　□其他

您從何得知本書的消息？

　□網路書店　□實體書店　□網路搜尋　□電子報　□書訊　□雜誌

　□傳播媒體　□親友推薦　□網站推薦　□部落格　□其他＿＿＿＿＿

您對本書的評價：（請填代號　1.非常滿意　2.滿意　3.尚可　4.再改進）

　封面設計＿＿＿　版面編排＿＿＿　內容＿＿＿　文／譯筆＿＿＿　價格＿＿＿

讀完書後您覺得：

　□很有收穫　□有收穫　□收穫不多　□沒收穫

對我們的建議：＿＿＿＿＿＿＿＿＿＿＿＿＿＿＿＿＿＿＿＿＿＿＿＿

＿＿＿＿＿＿＿＿＿＿＿＿＿＿＿＿＿＿＿＿＿＿＿＿＿＿＿＿＿＿＿＿

＿＿＿＿＿＿＿＿＿＿＿＿＿＿＿＿＿＿＿＿＿＿＿＿＿＿＿＿＿＿＿＿

＿＿＿＿＿＿＿＿＿＿＿＿＿＿＿＿＿＿＿＿＿＿＿＿＿＿＿＿＿＿＿＿

11466
台北市內湖區瑞光路 76 巷 65 號 1 樓
秀威資訊科技股份有限公司 收
BOD 數位出版事業部

· ·

（請沿線對折寄回，謝謝！）

姓　　名：＿＿＿＿＿＿＿＿　年齡：＿＿＿＿　性別：□女　□男

郵遞區號：□□□□□

地　　址：＿＿＿＿＿＿＿＿＿＿＿＿＿＿＿＿＿＿＿＿

聯絡電話：(日) ＿＿＿＿＿＿＿＿＿　(夜) ＿＿＿＿＿＿＿＿＿

E-mail：＿＿＿＿＿＿＿＿＿＿＿＿＿＿＿＿＿＿＿